W0267595

AŸ, PHARAON

La saga égyptienne de Violaine VANOYEKE *Les Pharaons du Soleil* se déroule sous la XVIIIe dynastie. Dans le cadre de cette saga, l'auteur a consacré :

– une trilogie à « La Pharaonne » Hatchepsout :

LA PHARAONNE

* *La Princesse de Thèbes*
** *Le Pschent royal*
*** *Le Voyage d'éternité*

– une trilogie au pharaon « Thoutmosis » :

THOUTMOSIS

* *Le Rival d'Hatchepsout*
** *L'Ibis indomptable*
*** *Au royaume du Sublime*

– une trilogie au pharaon « Aménophis » :

AMÉNOPHIS

* *Le Prince de lumière*
** *Le Breuvage d'amertume*
*** *Vénérable Tiyi*

– une trilogie à « Néfertiti et Akhenaton » :

NÉFERTITI ET AKHENATON

* *La Belle est venue*
** *L'Horizon d'Aton*
*** *Le Faucon d'or*

– une trilogie à « Toutankhamon » :

TOUTANKHAMON

* *L'Héritier*
** *La Fille de Néfertiti*
*** *Le Pharaon assassiné*

– une trilogie à « Aÿ » :

AŸ, PHARAON

* *Les Meurtriers de Toutankhamon*
** *La Disparition de la reine (à paraître)*
*** *L'ennemi du Nil (à paraître)*

VIOLAINE VANOYEKE

AŸ, PHARAON

*

Les Meurtriers de Toutankhamon

ROMAN

Michel LAFON

© Éditions Michel Lafon, 2004
7-13, boulevard Paul-Émile-Victor – Île de la Jatte
92521 Neuilly-sur-Seine Cedex

DU MÊME AUTEUR

L'Art aux yeux pers, Le Cherche-Midi, 1980, *poésie.* Prix Jean Christophe.

Torrent, R.E.M., Lyon, 1983, *poésie.* Album avec interprétation au piano de Violaine Vanoyeke.

L'Harmonie et les arts en poésie, Monaco, 1985, *anthologie.*

Le Mythe en poésie, Monaco, 1986, *anthologie.*

Cœur Chromatique, R.E.M., Lyon, 1986, *poésie.* Album avec accompagnement musical interprété au piano par Violaine Vanoyeke. Interprétations des textes avec Dominique Paturel.

Clair de Symphonie, J. Picollec, 1987, *roman.*

Messaline, Robert Laffont, 1988, *roman.* Traduit en espagnol, portugais, grec, coréen, bulgare, polonais...

Le Druide, Sand, 1989, *roman.*

Au bord du Douro, Lizier, Luxembourg, 1989, *poésie.*

Les Louves du Capitole, Robert Laffont, 1990, *roman.* Prix littéraire de l'été 1990. Traduit en espagnol, portugais...

La Prostitution en Grèce et à Rome, Belles Lettres, 1990, *histoire.* Traduit en espagnol, grec, japonais, tchèque, chinois...

Le Crottin du diable, Denoël, 1991, *roman.* Prix de l'Association de l'assurance et des banques, 1992.

Les Bonaparte, Critérion, 1991, *histoire.*

La Naissance des Jeux Olympiques et le sport dans l'Antiquité, Belles Lettres, 1992, *histoire.* Traduit en grec, chinois. Nouvelle édition 2004.

Les Grandes Heures de la Grèce antique, Perrin, 1992, *histoire.* Repris au Grand Livre du Mois.

Les Sévères, Critérion, 1993, *histoire.*

Les Schuller, Presses de la Cité, 1994-1995, *romans* :
* *Les Schuller*, Presses de la Cité, 1994.
** *Le Serment des Quatre Rivières,* Presses de la Cité, 1995.

Hannibal, France-Empire, 1995, *histoire/biographie.*
Paul Éluard, le poète de la liberté, Julliard, 1995, *histoire/biographie.*

Le Secret du pharaon (série), L'Archipel, *romans* :
* *Le Secret du Pharaon*, L'Archipel, 1996. Traduit en espagnol, portugais, catalan, tchèque, slovaque, hongrois... Repris au Grand Livre du Mois (1996), par Succès du Livre (1997), à Presses Pocket (1997), Le Chardon bleu (1997).
** *Une mystérieuse Égyptienne*, L'Archipel, 1997, *roman.* Traduit en espagnol, tchèque, portugais, hongrois, slovaque... Repris par Succès du Livre (1998), à Presses Pocket (1999), Le Chardon bleu (1999).
*** *Le Trésor de la reine-cobra*, L'Archipel, 1999. Traduit en slovaque, tchèque, hongrois... Repris par Succès du Livre, Presses Pocket (1999).

Quand les athlètes étaient des dieux, Les Jeux Olympiques de l'Antiquité, Fleurus, Collection « Encyclopédie Fleurus », 1996, *ouvrage pour la jeunesse.*
Ramsès, série radiophonique, 1995-1996.
Périclès, Tallandier, 1997, *histoire/biographie.* Traduit en portugais, espagnol... Repris au Grand Livre du Mois (1997).

Les Histoires d'amour des pharaons (série), Michel Lafon :
* *Les Histoires d'amour des pharaons : Néfertiti et Akhenaton ; Ramsès II et Néfertari ; Tyi et Ramsès III ; César et Cléopâtre ; Antoine et Cléopâtre,* Michel Lafon, 1997. Traduit en italien, espagnol, turc, portugais, hongrois, tchèque... Repris au Grand Livre du Mois (1997), par Succès du Livre (1999), au Livre de Poche (1999).
** *Les Histoires d'amour des pharaons II : Ahmosis et Ahmès-Néfertari ; Tiâa et Aménophis II ; Tout-Ankh-Amon et Ankhsepaton ; Séthi II et Taousert*, Michel Lafon, 1999. Traduit en espagnol, portugais, hongrois, tchèque... Repris au Livre de Poche (2000). Chaque histoire a été publiée au Chardon Bleu, en 9 volumes (2000).

La Passionnée, Michel Lafon, 1997, *roman.* Traduit en espagnol...
De la prostitution en Alsace (collectif), Le Verger, 1997, *histoire.*

Les Dynasties pharaoniques (série), Tallandier, *histoire* :
* *Les Ptolémées, derniers pharaons d'Égypte*, Tallandier, 1998. Traduit en espagnol, portugais...

Les Pharaons du Soleil (saga-collection), Michel Lafon :
1) *La Pharaonne Hatchepsout* (trilogie), Michel Lafon, *romans* :
* *La Princesse de Thèbes*, Michel Lafon, 1998. Nouvelle édition, 1999. Traduit en portugais, hongrois, tchèque, turc... Repris au Livre de Poche (2000) et par Succès du Livre (2002). Publié avec le livret « Apprenez les hiéroglyphes avec Hatchepsout ».
** *Le Pschent royal*, Michel Lafon, 1998. Nouvelle édition, 1999. Traduit en portugais, hongrois, tchèque, turc... Repris au Livre de Poche (2000) et par Succès du Livre (2002).
*** *Le Voyage d'éternité*, Michel Lafon, 1999. Traduit en portugais, tchèque, hongrois, turc... Repris au Livre de Poche (2000) et par Succès du Livre (2002).

– *La Pharaonne Hatchepsout* sous coffret (œuvre intégrale), 2002.

2) *Thoutmosis* (trilogie), Michel Lafon, *romans* :
* *Le Rival d'Hatchepsout*, Michel Lafon, 2000. Repris au Grand Livre du Mois, au Livre de Poche (2002), à Succès du Livre.
** *L'Ibis indomptable*, Michel Lafon, 2000. Repris au Grand Livre du Mois, au Livre de Poche (2002).
*** *Au royaume du Sublime*, Michel Lafon, 2000. Repris au Grand Livre du Mois, au Livre de Poche (2002).

3) *Aménophis* (trilogie), Michel Lafon, *romans* :
* *Le Prince de lumière*, Michel Lafon, 2001. Repris au Grand Livre du Mois (2001) au Livre de Poche et par Succès du Livre.
** *Le Breuvage d'amertume*, Michel Lafon, 2001. Repris au Grand Livre du Mois, au Livre de Poche et par Succès du Livre.
*** *Vénérable Tiyi*, Michel Lafon, 2002. Repris au Grand Livre du Mois, au Livre de Poche et par Succès du Livre.

4) *Néfertiti et Akhenaton* (trilogie), Michel Lafon, *romans* :
* *La Belle est venue*, Michel Lafon, 2002. Repris au Grand Livre du Mois (2003) et au Livre de Poche.
** *L'Horizon d'Aton*, Michel Lafon, 2002. Repris au Grand Livre du Mois et au Livre de Poche.
*** *Le Faucon d'or*, Michel Lafon, 2003. Repris au Grand Livre du Mois et au Livre de Poche.

5) *Toutankhamon* (trilogie), Michel Lafon, *romans* :
* *L'Héritier*, Michel Lafon, 2003. Repris au Grand Livre du Mois et au Livre de Poche.
** *La Fille de Néfertiti*, Michel Lafon, 2004. Repris au Grand Livre du Mois et au Livre de Poche.
*** *Le Pharaon assassiné*, Michel Lafon, 2004. Repris au Grand Livre du Mois et au Livre de Poche.

Violaine Vanoyeke, Les Pharaons mènent à la vie éternelle, autobiographie, Michel Lafon, 2001. Repris au Livre de Poche, 2002.

Zénobie, l'héritière de Cléopâtre, histoire, Michel Lafon, 2002. Repris au Livre de Poche.

Les Voluptueuses, de l'Égypte à Rome, histoire, Michel Lafon, 2003. Repris au Grand Livre du Mois (2003), au Livre de Poche.

Discographie

Bach, Beethoven, Debussy, Chopin, R.E.M., Lyon, Violaine Vanoyeke, piano.

Chopin, Debussy, Schumann, R.E.M., Lyon, Violaine Vanoyeke, piano.

Torrent, R.E.M., Lyon, Violaine Vanoyeke, piano.

Cœur chromatique, R.E.M., Lyon, Violaine Vanoyeke, piano.

Violaine Vanoyeke est l'auteur de nombreuses préfaces et articles parus dans des revues spécialisées et dans *Historia, Chroniques de l'Histoire, Le Spectacle du monde, Le Quotidien de Paris, L'Histoire, Science et Vie, France-Soir, Géo, Voyager, Version Femme, Vous et votre avenir, Croisières Magazine, Bon Voyage...*

À mon père.

« Quand je l'inondais de baisers, les lèvres
entrouvertes,
J'étais aussi saoul que si j'avais bu de la bière. »

« L'Occident est un lieu de repos et de ténèbres,
Où vivent ceux qui ont quitté la terre
Et qui sont couchés dans des sarcophages. »

« Que notre âme soit soulagée malgré la peine ! »

(Sagesses égyptiennes)

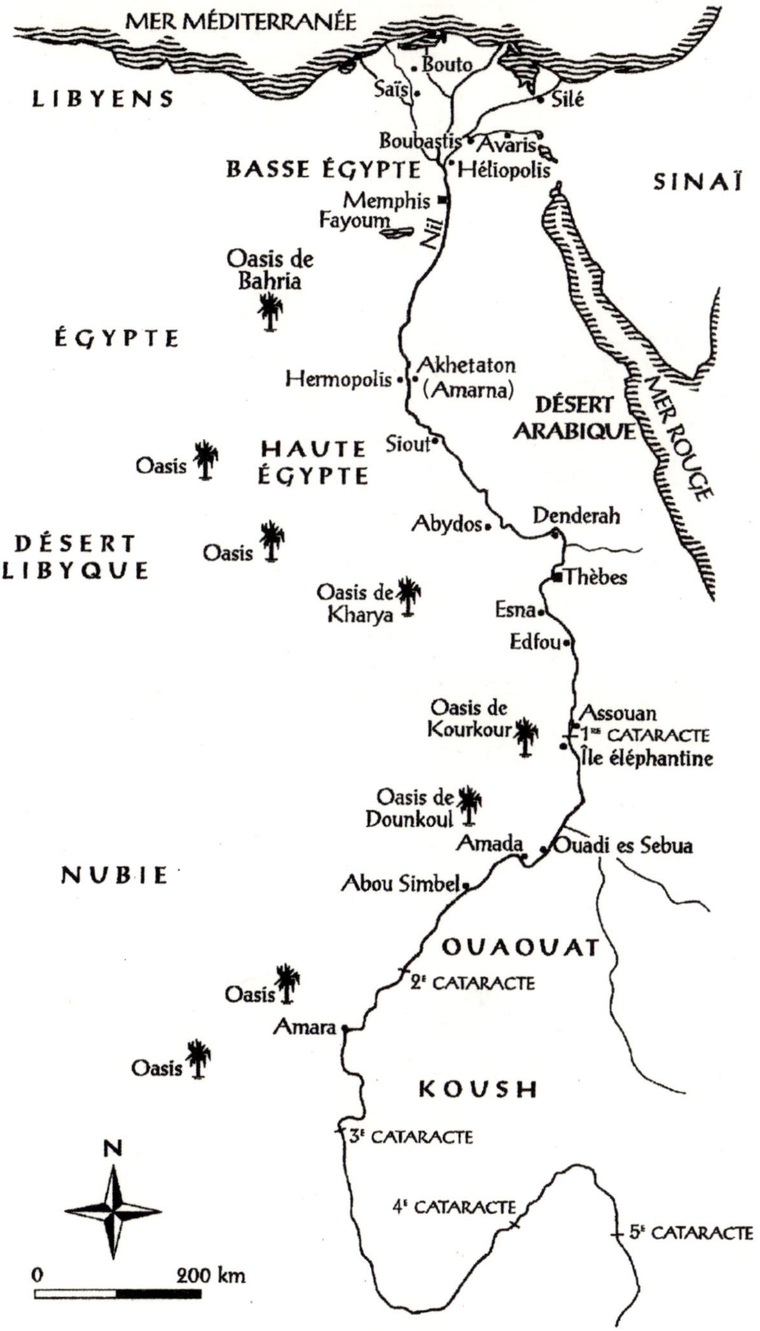

L'Égypte et la Nubie

La Grèce antique et l'Asie

THRACE
Byzance
Thasos
Samothrace
Imbros
TROIE
PHRYGIE
Lemnos
MER
Lesbos
Scyros
Hermos
ÉGÉE
Chio
LYDIE
Andros
Samos
Méandre
Tinos
Ikaros
CARIE
CYCLADES
Mykonos
SPORADES
Paros
Naxos
Siphnos
Amorgos
Théra
Rhodes
Malia
Knossos
Gortyne
Phaïstos
Palaokastro
Zakro
CRÈTE

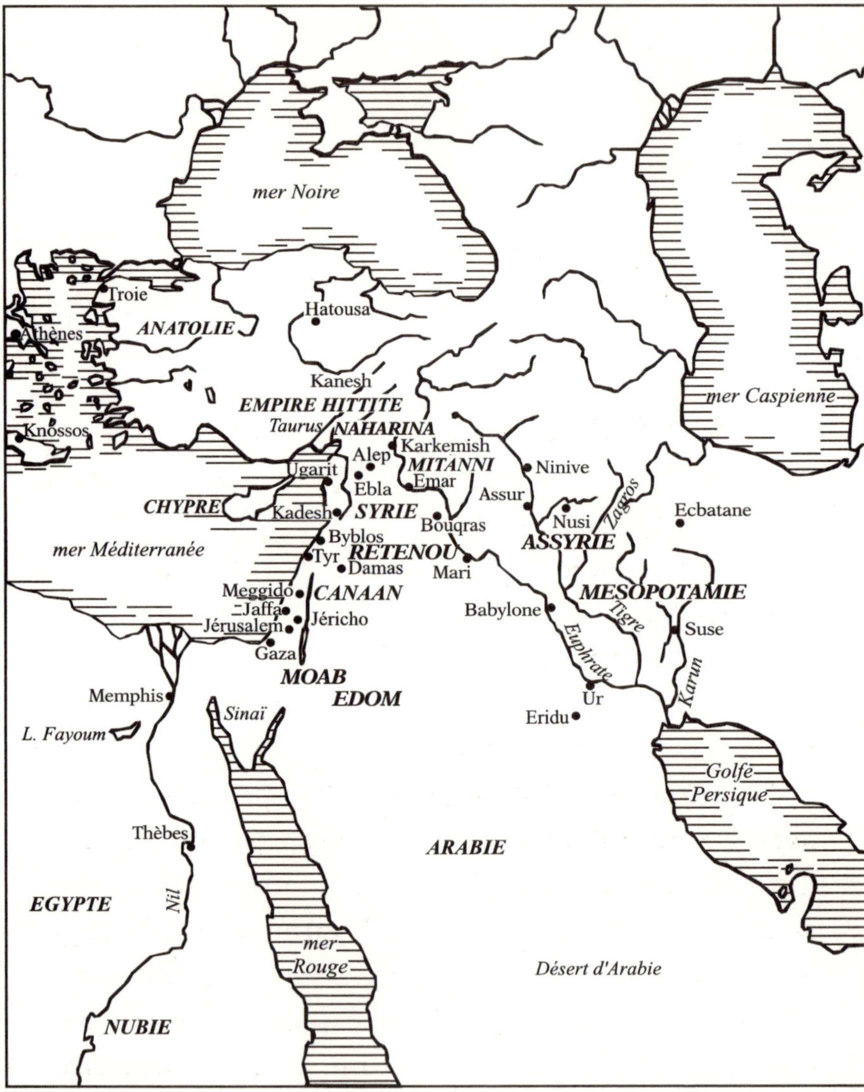

Anciens pays du Proche-Orient
(XVe siècle av. J.-C.)

Avant-propos

La XVIIIe dynastie commence avec le pharaon Ahmosis. Ce roi s'illustra en repoussant des envahisseurs appelés « Hyksos » qui régnèrent en Égypte. Les Indo-Européens s'installaient alors en Asie Mineure.

Aménophis Ier, fils d'Ahmosis et d'Ahmès-Néfertari, et son gendre Thoutmosis Ier surent protéger le territoire de leur ancêtre.

Thoutmosis Ier fut un général exceptionnel. Il eut avec sa première épouse un fils qui fut appelé Thoutmosis II. Marié à sa demi-sœur Hatchepsout, seule héritière de sang royal, Thoutmosis II n'exerça le pouvoir que peu de temps. Il eut une fille avec Hatchepsout : Néférou-Rê. Celle-ci semble morte très jeune bien qu'une inscription fasse peut-être allusion à elle à une époque où Thoutmosis III régnait seul et où Hatchepsout avait disparu. Sans doute Thoutmosis II et Hatchepsout eurent-ils une seconde fille appelée Méryrêt-Hatchepsout II.

Je suis aujourd'hui la seule à avoir reconstitué la vraie vie d'Hatchepsout qui était, lorsque j'ai entrepris ce labeur comme une enquête policière, une véritable énigme. Je suis également la première à m'y être sérieusement intéressée et à y avoir consacré une bonne partie de ma vie. Pendant ces recherches, je n'ai d'ailleurs rencontré personne, sur quelque lieu et dans quelque pays que ce fût qui eût mon objectif : reconstituer au détail près et avec la plus grand minutie possible la vie d'Hatchepsout. Une entreprise gigantesque qui m'a conduite à reconstituer aussi celles de ses aïeux et de ses descendants. Aujourd'hui, alors même que je poursuis ce travail, je suis amenée à sillonner toutes les régions ou à examiner tous les documents et toutes les inscriptions qui permettent encore et toujours de parfaire nos connaissances.

Lorsque j'ai commencé mon travail chez les Égyptiens qui m'appellent depuis « La Pharaonne » et que je l'ai poursuivi en Grèce, à Chypre, au Liban et dans tous les pays où s'étaient rendus les rois de la XVIIIe dynastie, leurs soldats ou leurs fonctionnaires, j'ai avancé, au regard de mes conclusions et des découvertes, des hypothèses qui se sont révélées exactes des années plus tard. Je renvoie les lecteurs à ma trilogie *« La Pharaonne » Hatchepsout*[1] et à mon autobiographie *Les pharaons mènent à la vie*

1. Voir la trilogie *« La Pharaonne » Hatchepsout*, Violaine VANOYEKE, également parue sous coffret, Éd. Michel Lafon.

éternelle[1], qui est le complément historique indispensable de ma trilogie sur Hatchepsout et de ma saga sur la XVIIIe dynastie. On y trouve la biographie que j'ai reconstituée sur Hatchepsout et j'y décris la manière dont je suis parvenue à donner des réponses à toutes les questions que l'on se posait. Qui était Hatchepsout ? Combien de temps avait-elle régné ? Comment s'était-elle imposée sur le trône alors qu'elle n'était encore qu'une enfant ? Pourquoi son père avait-il décidé de la former à son rôle de roi ? Qui était son architecte Senmout ? Hatchepsout avait-elle combattu en Asie ? En Nubie ? Senmout et Hatchepsout avaient-ils été assassinés ? Néférou-Rê devait-elle prendre la succession d'Hatchepsout ? Avait-elle été la première Grande Épouse de Thoutmosis III ? Hatchepsout et Thoutmosis III étaient-ils rivaux ? Senmout avait-il voulu devenir pharaon ? Que nous apportaient l'exploration des deux tombes d'Hatchepsout, qui sont extrêmement difficiles d'accès, la première nécessitant des notions d'alpinisme, la seconde étant longue et pentue (*cf.* mon autobiographie) ainsi que l'analyse des deux tombes de Senmout et de celle de ses parents ? Comment s'effectuaient les expéditions dans les pays lointains comme celles du Pount ou du Sinaï ?

Je raconte, là encore dans mon autobiographie,

1. Voir l'autobiographie, *Les pharaons mènent à la vie éternelle*, Violaine VANOYEKE, Éd. Michel Lafon.

comment je suis repartie sur les pistes des anciens mineurs de turquoise et de malachite au plein cœur du Sinaï, sur des sites difficilement abordables, et comment j'ai reconstitué le parcours des soldats partant en campagne vers l'Asie ou l'Euphrate.

J'ai également apporté des réponses à bien d'autres questions : comment une femme telle qu'Hatchepsout pouvait-elle devenir pharaon ? Comment expliquer ses tranformations et sa volonté d'apparaître en homme ? Comment a-t-elle reconstitué sa naissance divine ? Quelles étaient ses constructions à Karnak et pourquoi certaines d'entre elles ont été jugées trop originales et trop « révolutionnaires » ? Que nous révélait le temple d'Hatchepsout et notamment sa troisième terrasse qui vient d'être ouverte, en partie, au public ? Comment expliquer sur ce temple la double chapelle d'Anubis ? Que nous apportait l'inestimable inscription du sanctuaire du Speos Artemidos en Moyenne Égypte construit par Hatchepsout et Thoutmosis en l'honneur de Pakhet ? J'ai également publié à ce sujet de nombreux articles scientifiques et les journalistes m'accompagnent régulièrement, depuis des années, sur les lieux de mes travaux, rendant ainsi compte de l'avancée de cette gigantesque entreprise.

Depuis la parution de mes ouvrages et articles, d'autres livres ont été publiés sur le sujet reprenant mes conclusions d'une manière souvent confuse en ne citant pas toujours leurs sources... Or, pour réussir à reconstituer la vie d'Hatchepsout à partir d'un gigantesque puzzle de données, éparpillées dans de nombreuses régions et dans plusieurs pays, il m'a fallu, sur le terrain, suivre en permanence des pistes parfois ardues. Comme je suis actuellement la seule à effectuer ce travail, je l'ai naturellement étendu à toute la dynastie.

Mon travail sur les prédécesseurs et les successeurs d'Hatchepsout et sur l'ensemble de la XVIIIe dynastie se poursuit et j'ai coutume de faire profiter les lecteurs de mes romans de mes dernières découvertes en la matière. Mon expérience du terrain me permet d'appréhender au mieux une telle époque et de tels rois car il faut, pour ce faire, travailler dans de nombreux pays du bassin méditerranéen mais aussi dans d'autres pays plus difficiles d'accès, ce que je fais régulièrement. Ce travail réclame des conditions physiques parfois exceptionnelles pour escalader des montagnes, descendre des falaises abruptes ou ramper dans les tombes. Il faut également faire face à des coûts importants et j'en profite pour remercier tous ceux qui m'ont spontanément apporté leur aide parmi lesquels plusieurs entreprises internationales.

Il est impossible de reconstituer la vie de personnages comme Hatchepsout, Néfertiti, Akhenaton, Toutankhamon ou Aÿ sans travailler sur place. À chaque saison, je découvre des détails nouveaux, jusque-là laissés de côté, qui me permettent de compléter la vie d'Hatchepsout, des Thoutmosides, des Aménophis... si bien que des thèses que j'ai fait admettre il y a dix ans sont reprises aujourd'hui par tous.

*
**

Poursuivons l'histoire de la dynastie.

Méryrêt-Hatchepsout II se maria avec Thoutmosis, troisième du nom, fils de Thoutmosis II et d'une fille du harem, Iset.

Thoutmosis III devint pharaon à la mort de son père Thoutmosis II. Hatchepsout, qui devait assurer la régence, s'imposa comme Pharaon à part entière dans la septième année du règne. Elle régna pendant vingt-deux ans, laissant son neveu Thoutmosis III à l'écart. S'entourant de fonctionnaires et de prêtres dévoués à sa personne, organisant des expéditions dans les pays les plus lointains, combattant elle-même les Nubiens, restaurant les temples en ruines, elle sut s'affirmer dans une Égypte prospère.

Mais les peuples d'Asie devenant menaçants, Thoutmosis III[1] allait devenir le sauveur de l'Égypte, le plus grand pharaon de tous les temps, celui qui passerait l'Euphrate pour imposer la puissance de l'Égypte en Asie. Son épopée demeure exceptionnelle. Après avoir vécu dans l'ombre d'Hatchepsout, la pharaonne fille d'Amon, Thoutmosis III devait briller au firmament de l'Histoire.

---

1. Voir *Thoutmosis*, Violaine VANOYEKE, Éd. Michel Lafon.

Aménophis II, le fils qu'il eut avec la reine Tiâa prit, à sa mort, la tête d'un pays gigantesque. Parce qu'ils avaient favorisé les échanges entre l'Égypte et les autres pays, Hatchepsout et Thoutmosis III avaient ouvert l'Égypte à de nouvelles religions. Les héritiers de la dynastie allaient changer la face du monde dans un tournant fondamental de l'Histoire. Thoutmosis IV épousa des princesses mitanniennes. Son fils, Aménophis III [1] allait devenir l'un des plus grands bâtisseurs. Son nom reste lié au temple de Louxor et aux Colosses de Memnon qui flanquaient son temple de millions d'années à Thèbes-Ouest. Il fit construire non loin de là le domaine de Malqatta où vécut la cour, ainsi que de nombreux temples en Nubie. Son épouse Tiyi fut l'une des plus grandes reines d'Égypte, qui entretenait alors des liens privilégiés avec le Mitanni menacé par les Hittites. Des royaumes nouveaux s'imposaient, d'anciennes villes au pouvoir déchu revenaient sur le devant de la scène. Peu à peu se dessinait l'adoration en un dieu unique, une divinité solaire.

Déjà, sous le règne d'Hatchepsout, comme je l'ai démontré ailleurs, « la Pharaonne » tendait à adorer exclusivement le dieu Amon et la déesse Hathor, qu'elle disait être sa nourrice, une vénération

---

1. Voir *Aménophis*, Violaine VANOYEKE, Éd. Michel Lafon. À la fin de chaque trilogie se trouve une mise au point sur les découvertes récentes.

proche du monothéisme qui aurait entraîné, *a posteriori*, le martelage de son nom sur les murs des temples et sur les listes pharaoniques.

J'ai déjà expliqué, dans plusieurs articles parus il y a dix ans, qu'Hatchepsout, comme d'autres rois de la XVIIIe dynastie, avait délaissé le culte d'Osiris à Abydos et qu'il était possible de voir dans le martelage du nom d'Hatchepsout une vengeance des prêtres d'Osiris, dieu des morts au rôle primordial pour la vie dans l'Au-Delà, qui était en quelque sorte « remplacé », dans l'esprit d'Hatchepsout, par la déesse-vache Hathor. Ce martelage pouvait aussi avoir été fait par des adorateurs du dieu solaire Aton qui auraient effacé l'image du dieu Amon, celle d'Hatchepsout qui se prétendait « fille d'Amon », celles de Mout et du favori d'Hatchepsout, Senmout, dont le nom aurait alors été confondu avec celui de Mout. D'autres martelages ont, bien entendu, été effectués par des successeurs d'Hatchepsout comme cela se pratiquait souvent, les pharaons mettant ainsi leur nom à la place de celui de leurs prédécesseurs.

Ce qui importe est la thèse que j'ai avancée il y a plusieurs années et qui me paraît, aujourd'hui, de plus en plus évidente. Les premiers souverains de la XVIIIe dynastie tendaient au monothéisme bien avant le règne d'Akhenaton, un monothéisme qui a été favorisé par les échanges effectués avec les autres pays et par des peuples qui se sont installés en Égypte et qui a entraîné la création d'une ville en l'honneur du seul dieu Aton, « Akhetaton ».

Amoindrie par la peste qui n'épargna pas la famille royale, l'Égypte dut également supporter la révolte des prêtres d'Amon qui s'opposaient à l'adoration du dieu unique Aton. Pour renforcer son pouvoir, Akhenaton accepta de régner avec son demi-frère Semenkharê quelques mois avant son décès. À la même époque disparurent la reine Tiyi, Néfertiti et plusieurs de ses filles.

Toutankhamon succéda à Semenkharê et épousa Ankhesepaaton, fille de Néfertiti. Aidé par le père de Néfertiti, le divin Père Aÿ, et par Horemheb, le chef des armées, qui convoitait aussi le pouvoir, le couple royal retourna s'installer à Thèbes. Toutankhaton prit le nom de Toutankhamon et Ankhesepaaton celui d'Ankhesenamon. L'ancienne religion se remit en place. Horemheb redonna à l'Égypte sa splendeur et sa puissance. Mais, un jour, Toutankhamon est retrouvé inconscient. L'a-t-on assassiné ?

Je place, à la fin de chaque trilogie, des explications sur les mystères et les découvertes actuelles au sujet des personnages et des périodes que je traite : un point historique réactualisé qui me paraît essentiel pour les lecteurs souhaitant tout savoir sur les fouilles et les recherches en cours. Un cahier-photos central permet aussi aux lecteurs d'« entrer » parfois dans des lieux interdits au public ou difficiles d'accès. Le choix de statues, d'objets retrouvés à Amarna (autrefois Akhetaton), à Louxor, en Nubie ou à Saqqarah que j'ai fait, les temples ou les tombes fermées au public, les peintures de la vie quotidienne sous la XVIIIe dynastie permettent ainsi aux lecteurs de « rencontrer » les figures de cette dynastie et d'estimer leurs réalisations.

Violaine VANOYEKE

Vingtième partie

I

Le médecin s'approcha du chevet de Toutankhamon et l'observa avec attention. Il n'osait toucher sa tête pour ausculter sa nuque. Le jeune roi se mit à gémir en tournant légèrement le visage vers lui. Blême, le cœur battant, les doigts noués, le médecin s'étonna de voir le pharaon revenir à lui.

– Le divin Père Aÿ ne me croyait pas. Il me semblait bien avoir entendu des gémissements lorsqu'il se trouvait dans la chambre. Aÿ et sa petite-fille, la reine Ankhesenamon, pensent que le roi est mort. Le pharaon est-il agonisant ou va-t-il reprendre totalement ses esprits ? Il ne se rend compte de rien.

Le jeune praticien s'impatientait. Il entendait les éclats de voix des invités du roi qui s'installaient dans la salle du festin et se demandait pourquoi le garde qu'il avait envoyé auprès du divin Père Aÿ tardait à revenir. Le conseiller de Toutankhamon avait donné des ordres pour ne pas annuler le dîner et pour recevoir, comme prévu, les ambassadeurs. Il avait supplié sa petite-fille de faire bonne figure malgré sa peine.

– Quelle joie pour la reine de reprendre espoir ! Mais Toutankhamon reviendra-t-il à lui ?

Aÿ pénétra dans la pièce et referma la porte derrière lui.

– Que se passe-t-il ? Nous venons de nous quitter. Il était entendu que tu ausculterais le roi pour savoir s'il a été assassiné ou s'il est mort d'un coup malheureux. Je ne peux laisser seule Ankhesenamon. La pauvre reine est bouleversée. Elle doit, cependant, sourire et montrer un visage avenant. Si je ne reste pas auprès d'elle pour la soutenir et l'aider, elle quittera la salle en pleurant.

– Aÿ, j'ai beaucoup de respect pour toi et je ne te dérangerais pas à mauvais escient. Le moment est grave. Toutankhamon, Horus d'or, que nous aimons tous, est revenu à lui.

– Que dis-tu ? Aurais-tu perdu la tête ? Pharaon gît comme je l'ai laissé. Il n'a pas bougé. Ses paupières sont closes.

– Divin Père, fais-moi confiance. Je te dis la vérité. Toutankhamon a gémi à plusieurs reprises.

– A-t-il ouvert les yeux ?

– Hélas non. Mais j'ai cru comprendre qu'il avait soif.

– Lui as-tu donné à boire ?

– Je n'en ai pas eu le temps. Quand je me suis approché de lui, sa tête est retombée sur le côté.

– Est-ce bon signe ?

– Oui, car Toutankhamon est revenu à lui à plusieurs reprises.

À cet instant, le roi émit un nouveau gémissement. Aÿ se rapprocha de lui et lui prit les épaules.

– Ne le relève pas. Il vaut mieux le laisser dans cette position.

– Que préconises-tu ? Nous devons trouver une solution pour le sauver !

– Il faut être patient.

Aÿ joignit ses mains noueuses. Il était très excité.

– Je dois retourner auprès de la reine. Il faudrait la prévenir...

– Je veillerai sur le roi. Si la situation évolue, j'enverrai le garde te chercher.

Aÿ fit également venir les médecins habituels du roi qu'il avait, jusque-là, tenus à l'écart. Ceux-ci entrèrent, la mine contrariée, et regardèrent leur jeune collègue avec une moue qui en disait long. Mais ils écoutèrent attentivement Aÿ et lui promirent d'observer l'état de santé du roi.

Aÿ se précipita vers la salle du festin. Il ne savait plus que penser. Quand il entra, les danseuses évoluaient déjà au centre de la pièce. Il reprit sa place auprès de la reine et lui sourit pour lui envoyer un message.

– Que veux-tu me dire ? demanda Ankhesenamon à son grand-père. Tes joues ont retrouvé leurs couleurs. Tes yeux brillent.

– Le roi va mieux... murmura Aÿ à son oreille.

– Comment ? Mais mon époux...

– Tais-toi, Ankhesenamon. Écoute-moi et fais-moi confiance. Je t'affirme qu'Horus d'or a retrouvé ses esprits et que les médecins veillent sur lui.

– M'a-t-il réclamée ?

– Non. Il n'a pas encore ouvert les yeux. Mais j'ai confiance.

Ankhesenamon lui prit la main et se mit à regarder les musiciens avec un large sourire épanoui.

– Que les dieux soient mille fois bénis, dit-elle. Ah ! Mon cher grand-père, je savais bien que notre couple ne pouvait être si vite détruit ! Quelle injustice ce serait ! Nous avons connu tant de malheurs ! J'ai perdu tant d'êtres chers : mon père Akhenaton, ma mère Néfertiti, mes sœurs. La liste ne peut s'allonger.

– J'espère que nous retrouverons le bonheur.

– J'ai hâte de voir Toutankhamon...

– Cela ne servirait à rien. Le roi est encore inconscient. Attendons et faisons notre devoir.

La reine ne cessait de tarauder son grand-père. Il devait aller rendre visite au roi, lui parler s'il reprenait connaissance, l'informer qu'Ankhesenamon était anxieuse.

– Que va-t-il penser s'il ne me trouve pas à son chevet ? demanda la reine, très perturbée.

– Ne t'inquiète pas. Si le roi reprend connaissance et s'il parle, même faiblement, les médecins nous le diront aussitôt.

– Père divin, tu m'avais bien dit que la blessure de Toutankhamon n'était pas accidentelle. Et si quelqu'un attentait encore à sa vie ?

– Les gardes surveillent la porte de sa chambre en permanence.

– N'avais-tu pas envisagé qu'un garde ait pu trahir le roi et lui asséner un coup mortel à la tête ?

– Parle moins fort, Ankhesenamon. N'oublie pas que tous les regards sont tournés vers toi.

– Les invités sont plus séduits par les danseuses...

– Je ne sais pas si ce coup est accidentel ou meurtrier. Voilà pourquoi j'ai demandé à un médecin, en qui j'ai entière confiance, de l'ausculter très attentivement et de me faire un rapport précis.

– Mais ce médecin est tout jeune.

– Je ne le pense donc pas corrompu. La situation est maintenant différente. Nous devrons, cependant, enquêter pour savoir si quelqu'un a attaqué le roi. Peut-être même connaît-il son assassin.

– Voilà pourquoi je juge dangereux pour lui de le laisser seul avec ses médecins et ses gardes.

– Rassure-toi, mon enfant. Tu as les mains glacées. Fais-moi confiance. Que tu sois là ou au chevet de ton époux ne change rien. Toutankhamon va reprendre ses esprits peu à peu. Il est très faible. Il va s'alimenter et boire. Il pourra alors te parler, caresser ton visage et te sourire.

– Ce festin me paraît extrêmement long !

Tout d'abord inquiets par l'absence du roi, les ambassadeurs avaient fini par se détendre en assistant aux spectacles. Ankhesenamon les avait remerciés pour leurs dons et leur avait promis que le roi écrirait à leur souverain dès qu'il aurait retrouvé la santé.

– Ce n'est pas grave, par Amon, leur avait-elle expliqué en mentant le mieux possible. Mais le roi est incapable d'assister à ces réjouissances.

Les ambassadeurs avaient tenté d'en savoir plus. Le roi avait-il été blessé pendant sa partie de chasse ? S'agissait-il d'une simple étourdissement comme le laissait croire Aÿ ? Les rejoindrait-il dans la soirée ?

– Si tu avais été absente, imagine tout ce que ces hommes auraient inventé ! Ils seraient rentrés chez eux, sceptiques. Après de telles fêtes en leur honneur, ils auront oublié que le roi n'était pas présent pendant le banquet principal. Ils pourront rapporter à leur chef combien tu les as agréablement reçus.

– Tu as raison, Aÿ. Mais il est difficile pour une femme, dans de telles circonstances, de rester loin de son mari.

– Les femmes sont parfois trop sensibles...

Un garde, envoyé par les médecins rassemblés dans la chambre royale, pénétra dans la pièce et demanda à parler au divin Père. Celui-ci frémit. Il lui fit signe d'approcher.

– Comment va le roi ?

– Il s'est réveillé à deux reprises.

– A-t-il prononcé une parole ?

– Je ne le crois pas, divin Père. Je ne suis pas dans le secret médical.

– Bien. Retourne immédiatement devant la chambre du roi et demande à trois autres gardes de vous aider.

– Mais nous sommes... Bien, Père Aÿ. Je m'en occupe.

– Es-tu rassurée ? demanda Aÿ dès que le garde eut pris congé d'eux.

– Je persiste à croire qu'une épouse aimante doit rester au chevet de son mari tant qu'il n'est pas rétabli.

– Ma chère Ankhesenamon, tu t'es beaucoup dévouée pour ta fille. Tu as toujours été présente. Crois-tu qu'elle ne se serait pas rétablie sans toi ?

– Tu oublies que j'ai fait appel à des guérisseurs et à de précieux collaborateurs qui connaissent les plantes mieux que personne.

– Il est vrai que les médecins de la cour ne nous aidaient guère...

– Ils ont toujours été impuissants face à la peste.

*
**

L'atmosphère qui régnait dans la chambre du roi était tellement différente de celle qui dominait dans la salle à manger que le palais paraissait divisé en deux domaines. D'un côté, les invités riaient, s'esclaffaient, plaisantaient, racontaient des histoires salaces, buvaient à outrance et admiraient des acrobates aussi bruyants qu'eux, de l'autre, des fonctionnaires à l'estomac noué tentaient de capter un geste du roi.

– Il est inconscient, conclut le jeune médecin. Il a bel et bien changé de monde.

Ses collègues, plus âgés, lui jetèrent un regard noir.

– Tu parles beaucoup. Tu sues alors qu'un médecin doit garder sa lucidité. Tu t'agites et tu te troubles. Comment serais-tu capable de donner un diagnostic objectif et clair ?

Le patriarche venait de s'exprimer. Il se vengeait du choix que le Père Aÿ avait fait. Mais le jeune Crétois, brillant et droit, lui rétorqua sans faillir :

– Vous êtes tous entrés dans cette pièce en me foudroyant du regard parce que le divin Père Aÿ m'avait choisi pour ausculter le roi.

– Tu n'en as pas la compétence. As-tu déjà fait ce travail ?

– Oui, n'en déplaise à vous tous.

– Je voulais dire : as-tu déjà ausculté un roi mourant ?

– Non et j'ai conscience de l'importance de la tâche.

– Tes mains sont moites. Tu ne cesses de te tordre les doigts. Tu transpires. Des gouttes tombent de ton front. Tu voudrais nous laisser croire que tu domines suffisamment tes sentiments pour faire un examen de Toutankhamon ?

Les médecins se mirent à rire narquoisement.

– Aucun d'entre vous n'a réussi à guérir un membre de la famille royale. La peste a décimé des villes entières. Vous n'avez jamais apporté un remède à la souffrance.

– C'en est trop ! Nous ne pouvons accepter de travailler avec un pédant prétentieux.

– Je connais parfaitement les plantes. Mon père m'a transmis son savoir. L'un de mes ancêtres, le Crétois Kallisthès, avait autrefois été mandé par la reine, Grande Épouse de Thoutmosis Ier, pour la soigner...

– Nous connaissons tous l'histoire. La reine voulait un fils. Ton ancêtre l'a-t-il aidée à mettre au monde un enfant mâle ? Pas que je sache ! En revanche, on raconte que Kallisthès avait une aventure avec la reine.

– Vous avez retenu ce qui vous arrange. Kallisthès a découvert un complot. Il a ainsi sauvé la vie du roi !

– Tu prétends que tes potions auraient réussi à soigner Néfertiti, Akhenaton et leurs filles ?

– Non. J'affirme, cependant, qu'elles auraient soulagé leurs souffrances. Soigner un malade est, pour nous, l'idéal mais lui ôter ses douleurs constitue aussi une réussite.

– Si tu nous démontres un jour que tu es capable d'agir là où nous sommes impuissants, nous te pardonnerons ton insolence. Aujourd'hui, nous sommes les plus expérimentés et de ce fait les plus compétents.

– La compétence n'a rien à voir avec le nombre des années...

– Décidément, ton assurance est terrifiante !

– Mon métier n'admet aucune certitude. J'essaie seulement de l'exercer au mieux et le Père Aÿ l'a bien compris. Si je transpire, c'est parce que le roi m'est cher et je prie les dieux de l'aider à recouvrer la santé. Je suis malheureux de le voir ainsi étendu, sans connaissance. Les sentiments que je ressens pour ce jeune souverain populaire ne se mélangent pas avec ceux que j'éprouve lorsque j'accomplis mon métier. Peut-être ne ressentez-vous rien pour Horus d'or ? Vous faites beaucoup de bruit. Vous discutez. Vous ne respectez pas le repos du roi. Je crois que notre souverain a grand besoin de calme.

Les médecins l'approuvèrent et se turent. Comme un grand silence envahissait de nouveau la pièce, des éclats de rire, de plus en plus forts, leur parvinrent.

– Les invités ne se doutent pas de la gravité de

la situation, remarqua le Crétois en devenant blême.

La main de Toutankhamon venait de se crisper sur la croix de vie que l'on avait placée entre ses doigts.

II

Dès que le repas fut terminé, la reine se précipita dans la chambre de Toutankhamon. Le roi venait juste de reconnaître l'endroit où il se trouvait. Il prit la main que lui tendait Ankhesenamon et réclama de l'eau à Aÿ.

– C'est un geste généreux des dieux ! dit le Père divin. Jamais je n'aurais pensé que tu reviendrais parmi nous dans ce monde terrestre.

– Que s'est-il passé ? demanda le roi.

Mais une douleur à la tête le ramena à la réalité.

– J'ai saigné... dit-il.

– Oui, Maître des deux pays, lui dit le médecin crétois. Tu as reçu un coup à la tête et nous nous demandons comment tu avais pu te blesser ainsi.

– Un coup ? Je ne me souviens de rien...

– Peut-être es-tu tombé... N'aurais-tu pas fait une chute de cheval pendant la partie de chasse ? Ta tête n'a-t-elle pas heurté la caisse de ton char ?

– Absolument pas ! Lorsque je suis rentré au

palais, je me sentais un peu las. Aussi me suis-je étendu pour me reposer avant le banquet. J'étais en parfaite santé. Je me suis endormi sans m'en rendre compte et je me réveille maintenant avec un horrible mal de tête.

Le roi tenta de se redresser.

– Ne bouge pas, lui dit le Crétois.

– Je crois, au contraire, que Sa Majesté doit se lever pour reprendre véritablement ses esprits, intervint le doyen des médecins royaux.

Aÿ trancha.

– Bois auparavant cette mixture aux plantes que ce jeune Crétois a préparée pour toi. Cela calmera tes maux.

– J'ai l'impression que ma tête va éclater ! dit Toutankhamon. Je ne peux même pas la bouger. Ma nuque est raide.

– Si tu te lèves, tu saigneras probablement du nez, lui expliqua le Crétois. Reste allongé. Je vais t'aider à ingurgiter cette potion. Il faudra attendre pour qu'elle fasse son effet. Es-tu prêt à m'écouter ?

Comme les autres médecins allaient intervenir une nouvelle fois, Aÿ fit signe au roi de suivre les conseils du jeune médecin.

– Mon cher époux, je suis si heureuse de pouvoir te parler, lui dit tendrement Ankhesenamon. Tu nous as tellement fait peur. Nous croyions que...

Mais elle fut interrompue par un sanglot.

– Que tu guérisses vite !

– Reine, il ne faut pas fatiguer le roi. Il est très las et a besoin de repos.

– Tu as raison. Je suis faible.

– Veux-tu t'alimenter, Horus d'or ?

Le Crétois se tourna vers Aÿ.

– Il serait bon que le roi mange un peu avant de se rendormir.

– Je n'ai pas faim...

– Je le sais, Maître. Mais je peux te préparer un bouillon avec des épices apaisantes et des petits morceaux de viande. Tu pourras ainsi te soigner tout en t'alimentant.

Toutankhamon fit un signe de la main.

– Bien ! Mais dépêche-toi car je sens que mes paupières se ferment déjà.

– Je vais donner des ordres à mon assistante. En attendant, je resterai auprès de toi.

– Puisque le Crétois s'occupe du roi, nous pouvons peut-être nous retirer, avancèrent sèchement les autres médecins.

– Je préfère que vous restiez tous ici tant que Toutankhamon ne se sera pas rendormi. Que pensez-vous de son état ? Toutankhamon pourra-t-il se lever dès demain ?

– J'en doute, répondirent-ils en chœur.

– Je suis de cet avis, dit également le Crétois qu'Aÿ interrogeait du regard.

– Toutankhamon, quelqu'un aurait-il pu t'agresser dans ta chambre ? demanda le Père divin.

– Je suis aussi étonné que toi. Je ne me rappelle rien. Je n'explique pas ces douleurs.

Avant même que les remèdes ne fussent prêts, le roi replongea dans un sommeil extrêmement profond. Les traits immobiles, le teint jaune, les lèvres légèrement entrouvertes, il paraissait mort.

Ankhesenamon serra le poignet de son grand-père de toutes ses forces. Celui-ci regarda le jeune médecin qui se pencha au-dessus de la poitrine de Toutankhamon.

– Tout va bien. Il respire faiblement. J'aurais préféré qu'il mange avant de dormir mais il est si faible qu'il va reprendre des forces en se reposant.

– Doit-on rester là ? demanda Aÿ.

– Ce n'est pas utile. Je veillerai sur le roi.

– Je veux absolument que tu me préviennes dès qu'il se sera réveillé, insista la reine.

– Tu dois, toi aussi, te reposer, lui dit son grand-père. Je suis très fière de toi. Tu as su faire bonne figure. Tu as été courageuse. Tu mérites vraiment de régner sur ce pays. Va dormir et ne te soucie de rien.

– Je tiens absolument à être réveillée si le roi ouvre les yeux.

– Nous t'informerons. Le palais est maintenant endormi. Retirons-nous et respectons le repos du roi

Aÿ entraîna sa petite-fille dans le couloir. Il se montra très strict avec les gardes.

– Vous somnolez sur vos lances, leur dit-il. Il

faudrait être vigilant ! Nous avons tout lieu de penser que Sa Majesté a été agressée. Tant que nous n'en saurons pas plus, vous avez intérêt à ne pas vous assoupir. Vous pourriez être tués devant la porte du roi. À l'intérieur de cette chambre se trouve l'un de ses médecins. Seul cet homme est autorisé à rester dans cette pièce. Si jamais une femme ou un étranger insistait pour entrer, prévenez-moi immédiatement. J'ai, cette nuit, beaucoup de travail.

Il s'interrompit pour donner plus de détails à sa petite-fille.

– Je dois lire les rapports de Maya.

– Tu es sans cesse occupé, lui dit la reine. Va te coucher. Ces rapports attendront.

– Hélas non car Horemheb me taraude. Il a encore besoin d'armes.

– Qu'il patiente ! Nous avons dû interrompre les travaux de restauration de Karnak pour lui être agréable.

– Il est prioritaire. Horemheb n'a jamais gaspillé le Trésor de l'État. Il rapporte tellement de butins de ses campagnes qu'il est impossible de lui refuser une aide.

– Je le sais, repondit Ankhesenamon en prenant son grand-père par le bras et en l'accompagnant jusqu'à ses appartements. Mais tu dois aussi prendre soin de toi. Que m'arriverait-il si tu tombais malade ?

– Voilà pourquoi je veux remettre le pays en

état et lui redonner sa puissance le plus vite possible. Je pourrai alors m'en aller pour le pays des Bienheureux.

– Ne parle pas ainsi, grand-père chéri. Tu sais combien je t'aime. Mais tu délaisses ton épouse...

– Tii est aussi attachée que moi à la gloire de l'Égypte. Jamais elle ne me reprocherait de trop travailler pour le prestige du pays.

– J'ai si peur de te perdre...

– Allons ! Tu as eu suffisamment de frayeur pour aujourd'hui. Prions pour que le roi retrouve la santé. Il n'est pas guéri, loin de là !

La reine se mit à trembler. Elle passa ses mains sur ses bras comme pour les réchauffer. Elle se sentait faible et impuissante.

– Crois-tu que le Crétois soit assez savant pour soigner le roi ?

– Oui. J'ai de bonnes raisons de penser qu'il en connaît plus que tous les médecins de la cour réunis. Même s'il a le goût du secret comme tous ses ancêtres, je lui fais entièrement confiance.

– Ton jugement est juste. Tu accordes rarement une telle confiance à quelqu'un...

– Je le reconnais. Nous sommes arrivés, Ankhesenamon. Va te coucher. Tes servantes t'attendent pour te déshabiller, te démaquiller, te coiffer et te baigner. Relaxe-toi. Quant à moi, je te promets de m'allonger sur un divan avant de dérouler les papyri de Maya et de saisir mon calame.

– Que la déesse te fasse dormir et qu'elle ne

t'éveille qu'au milieu de la journée ! Le soleil va bientôt poindre. Cette soirée était épuisante.

Le Père divin déposa un baiser sur le front de sa petite-fille.

– Je suis si content de toi ! N'hésite pas à frapper à ma porte si tu t'inquiètes. Mais je suis sûr que les dieux se pencheront sur ton lit pour agrémenter tes songes.

Malgré sa fatigue, la reine ne s'endormit pas tout de suite. Les propos d'Aÿ l'avaient profondément troublée. Le roi n'avait pas été blessé par hasard.

– Je croyais que nous étions aimés de tous. Qui nous veut du mal ?

Elle avait beau chercher des réponses à ses questions, aucune ne lui paraissait satisfaisante. Il était impensable qu'Horus d'or, roi des deux pays, fût tombé à l'insu de ses compagnons de chasse.

– Aurait-il caché une chute par orgueil ?

Ankhesenamon savait le roi bon cavalier. Lorsqu'il lançait son char au galop derrière des bêtes sauvages, il contrôlait tout, calculait le moindre écart de l'animal, ralentissait ses chevaux ou accélérait, la taille ceinte des rênes, sans avoir recours à son cocher. Une roue se serait-elle détachée de son char sans que personne ne s'en aperçût ? Le roi aurait-il versé sur le côté ?

– Les hommes sont parfois très fiers. Toutankhamon n'aurait pas aimé chuter devant ses domestiques. Est-il parti seul au galop en laissant ses hommes derrière lui ? A-t-il eu alors un accident qu'il a préféré laisser secret ? Ne se souvient-il plus de ce qui s'est passé ? Et s'il avait perdu la mémoire ?

III

La reine avait une étrange impression. Elle se demandait pourquoi elle était aussi angoissée. Elle guettait le moindre bruit dans le couloir.

– Aÿ m'a fait peur. A-t-il raison ou invente-t-il des histoires ? Il doit bien y avoir une explication... Quelqu'un cherche-t-il à nous éliminer, moi et le roi ? Serait-ce un prêtre, un soldat, un garde, un médecin ? Qui a eu l'opportunité d'approcher Toutankhamon lorsqu'il est rentré de la chasse ? Peu de gens...

Imaginant toutes les possibilités, tantôt Ankhesenamon parvenait à se réconforter tantôt elle s'agitait et sentait la nécessité de se lever. N'y tenant plus, elle appela une servante et lui réclama un bol de tisane.

– Donne-moi un calmant.

– Reine, dois-je appeler le masseur pour qu'il décontracte tes membres ?

– Non. Je vais juste prendre une potion aux

plantes en espérant qu'elle me permettra de dormir.

– Tu es en sueur, Majesté.

– Il fait si chaud cette nuit...

– Le vent du désert s'est remis à souffler. Nous aurons probablement une tempête de sable ces prochains jours.

– J'espère que non. Un malheur suffit...

– Un malheur, reine ? Que veux-tu dire ?

– Rien. Va me chercher cette potion.

Elle eut soudain peur d'être victime d'un empoisonnement.

Aussi rappela-t-elle sa domestique.

– Non ! Oublie mon ordre. Je vais me recoucher tout de suite.

« Que m'arrive-t-il ? se demanda la reine. Je ne peux ainsi tout redouter. Vivre dans l'angoisse n'est pas une solution. » Elle pensa soudain à sa fille.

– J'ai oublié d'aller l'embrasser après le festin ! Je vais réveiller sa nourrice.

Mais elle se ravisa. Elle jeta une cape sur ses épaules et se glissa dans le couloir. Les gardes s'écartèrent. Elle ouvrit la porte de la pièce adjacente de sa chambre et constata avec soulagement que son enfant dormait paisiblement.

– Inutile de la réveiller.

Elle fit signe à la servante qui était assise dans un fauteuil non loin du lit de la princesse de rester à sa place.

Depuis la maladie de sa fille, elle voulait qu'une

domestique contrôlât chaque nuit son sommeil. Elle ressortit et resta à l'écoute pendant quelques instants. Des feuilles bruissaient dans le patio. Un silence total avait envahi le domaine.

– Si la tempête se lève, nous serons bloqués ici.

Elle hésita à rejoindre Aÿ qui devait, lui aussi, réfléchir aux événements. Mais elle préféra rester seule. En entendant le vent souffler, elle se laissa bercer et finit par s'assoupir. Elle eut, cependant, un sommeil agité. Le palais, beau, réconfortant, gai, lui paraissait subitement dangereux et hostile. Il était trop vaste pour qu'elle pût y trouver un refuge sûr, à l'abri des conspirateurs.

Enfin rassurée par la lumière blanchâtre qui pénétrait doucement par les étroites fenêtres, la reine s'endormit plus profondément. Quelques instants plus tard, un grand cri déchira la pénombre du palais. Les servantes coururent vers cet appel désespéré. Une agitation fébrile envahit toutes les salles. Les animaux domestiques, qui s'étiraient ou se lavaient à l'ombre des jardins, se sauvèrent.

Malgré le vacarme qui suivit, Ankhesenamon continuait à dormir. Elle fut réveillée par des éclats de voix devant sa porte. Elle s'assit aussitôt sur son lit et appela désespérément une servante.

– Que se passe-t-il encore ?

– Je ne sais rien, dit la jeune femme.

– Vite ! Habille-moi !

– La reine ne peut sortir ainsi sans être ni coiffée ni maquillée.

– Je n'ai pas pris le temps de me démaquiller hier soir. Je devais me tenir prête au cas où...

Mais elle s'interrompit.

– Donne-moi un miroir ! Vite !

– Sa Majesté doit me faire confiance...

– Évidemment. Le khôl s'est répandu sur mes joues. Je ferais peur à un lion ! Dépêche-toi ! Va chercher une serviette et de l'eau. Essuie mon visage.

Comme l'Égyptienne était trop lente, la reine se saisit elle-même du matériel et se rafraîchit la figure.

– Bien ! Je m'en contenterai !

Elle sortit si vivement que les gardes sursautèrent.

– Qu'est-il arrivé ? On m'a dit que quelqu'un avait crié...

– En effet, confirmèrent-ils en se courbant devant elle. Nous ne savons rien. Nous n'avons pas bougé de notre poste.

– Accompagnez-moi !

La reine avança d'un bon pas.

– Allons ! Dégagez le passage. Que ces gens s'écartent et se prosternent !

Elle marchait vers la chambre du roi quand l'un des gardes tenta de l'arrêter.

– Majesté, le cri ne venait pas de là !

– Comment ? Et d'où venait-il ?

– De la chambre du divin Père Aÿ.

Blême, courant presque, la reine entra précipitamment chez son grand-père.

– Où est le divin Père ? demanda-t-elle aux soldats.

– Il n'a pas dormi. Je crois qu'il se trouve dans le bureau des archives.

– Qui a crié ?

– Un Égyptien... Un soldat d'Horemheb. Il a été retrouvé mort. Égorgé.

– Le divin Père Aÿ est sain et sauf ?

– Il n'était pas présent au moment des faits.

– Où se trouve la victime ?

– Là... Elle gît à terre. Sa Majesté ne doit pas y aller. Ce soldat a perdu beaucoup de sang. Le spectacle est horrible à voir.

– Qui est l'agresseur ? L'a-t-on arrêté ?

– Non. Il s'est enfui par cette fenêtre.

– Ainsi donc, on tue nos hommes à Malqatta en toute liberté ! Mais quelles sont ici les règles de sécurité ? Que fait Horemheb ? N'est-ce pas à lui de tout surveiller ? Des comploteurs ou des étrangers nous en veulent manifestement. Ils pénètrent ici sans problèmes et en ressortent en tuant qui bon leur semble ! Je n'ai jamais vu un tel manque d'organisation ! Le seul responsable à mes yeux est le général, chef des armées ! Accompagnez-moi au pavillon des archives. De là-bas, Aÿ n'a rien entendu. Il ne doit pas être au courant de cette agression.

Avant de partir, elle se retourna une dernière fois.

– Il ne s'agirait pas tout simplement d'un règlement de comptes ou d'une dispute qui aurait mal tourné ?

– Non, reine bien-aimée, Grande lumière de Thèbes, ce soldat était seul. Il surveillait la chambre d'Aÿ. Il ne s'attendait manifestement pas à voir entrer quelqu'un par la fenêtre...

– Il s'était sans doute endormi ! Le traître l'a saisi par-derrière. Il est moins dangereux de partir en campagne que de rester dans son propre palais ! Je suis atterrée ! Jamais encore je n'avais vécu de pareils événements. Même dans notre domaine d'Akhetaton, nous étions en sécurité !

Tout en marchant avec énergie, la reine sentait la colère monter en elle.

– Je vis un cauchemar ! Comment un ennemi de la cour peut-il entrer dans le domaine de Malqatta sans être inquiété, se glisser entre les bâtiments, atteindre le palais du roi, pénétrer à l'intérieur et tuer l'un de nos soldats ! Mais pire ! Cet homme a réussi à s'enfuir alors que des gardes se trouvent dans tous les recoins, dans toutes les pièces, devant toutes les portes et dans toutes les cours !

Pris à partie, les gardes suivaient leur souveraine, presque honteux.

– Je ne vous blâme pas. Vous n'étiez pas sur

les lieux, leur dit la reine. Mais avouez que rien ne va plus !

Pour ne pas laisser échapper une parole malheureuse, elle préféra se taire. « Personne ne doit savoir que Toutankhamon est si souffrant. J'ai, pourtant, la conviction, comme le divin Père Aÿ, qu'il a été agressé ici même. Sans doute l'assassin de ce soldat est-il celui qui a attenté à la vie de Pharaon. C'était l'occasion de le saisir et de le punir. Au lieu de quoi, il court en toute liberté et s'apprête à commettre un autre forfait. Il me faut impérativement prévenir Horemheb et Aÿ. Tout le monde doit se montrer vigilant. »

En apprenant la nouvelle, Aÿ, qui était plongé dans les archives, se leva d'un bond.

– Je le savais ! Nos vies sont en danger ! Nous devons limiter les sorties et les défilés. Je vais revoir immédiatement les programmes des festivités à venir. Ankhesenamon, promets-moi de ne quitter tes appartements sous aucun prétexte. Si tu souhaites vaquer dans le domaine, prends une escorte.

– Tant que nous n'aurons pas pris ce meurtrier, je ne sortirai pas ! Ma fille restera également ici. Puisque nous savons que ce traître infâme se trouve parmi nous, demandons à Horemheb de renforcer la sécurité.

– Je n'aime pas cela... ne cessait de répéter Aÿ en cherchant des solutions. Nous ne connaissons pas le nombre de ces conspirateurs.

– Peut-être ne s'agit-il que d'un homme isolé, un fou ou un mécontent...

– Non. Je crois plutôt à un complot. Je redoute surtout que les meurtriers ne soient de proches conseillers car nous ne nous méfions pas d'eux. Je veux que l'on contrôle les faits et gestes de Panéhésy et de ses amis.

– Mais Panéhésy est un fidèle serviteur de l'État.

– En es-tu si sûre ?

– Il ne m'a jamais déçue. Pourtant... Moïse m'avait mise en garde contre lui.

– Que lui reproche-t-il ?

– Il le trouve insoumis et ambitieux. On raconte qu'il convoiterait le trône d'Égypte et la place de Toutankhamon.

– Je connais bien Panéhésy et je n'ai aucune confiance en lui. Mais il n'a guère de complices à Thèbes. Je vais immédiatement faire contrôler les registres mentionnant les nouveaux arrivés. Quand un bateau parvient à Thèbes, il est aussitôt enregistré sur une liste. Je saurai si des prêtres d'Aton ont osé venir jusqu'ici.

– Des prêtres d'Aton ?

– Panéhésy ne tenterait rien sans eux. En revanche, s'il les revoit, je doute qu'il reste ton serviteur dévoué.

– Je l'ai déjà observé. Je n'ai rien vu de suspect.

– Peut-être faut-il enquêter ailleurs...

– Divin Père, j'ai peur et je suis, en même temps, furieuse contre de tels procédés. Si nous saisissons l'un de ces traîtres, je le tuerai de mes propres mains pour donner un exemple !

– Crois-moi, nous serons deux à condamner ces hommes. Je vais prendre tout de suite des mesures. Pourquoi avoir tué ce soldat si ce n'est pour nous éprouver et créer un malaise dans ce palais ? Faire chanter la cour ! Nous provoquer de la sorte ! Quelle audace !

IV

Dans le palais, l'atmosphère n'avait jamais été aussi tendue. Les courtisans avaient compris qu'il se passait quelque chose de grave et que le pharaon était plus atteint que la reine n'avait voulu le laisser croire. Le personnel s'interrogeait sur les menaces qui pesaient sur la famille royale. Aÿ et Horemheb avaient pris des mesures draconiennes, multipliant les gardes et donnant des ordres stricts pour parer au moindre incident.

Le roi n'était pas réapparu en public. Depuis le départ des ambassadeurs, trois jours auparavant, son état était stationnaire. Tantôt il reprenait connaissance pour un court moment, tantôt il replongeait dans un état de somnolence proche du coma dont il lui était impossible de sortir.

Tout d'abord confiante, la reine s'interrogeait et commençait à s'inquiéter.

– Les Égyptiens jasent. Comme le roi ne se

montre pas, ils prétendent même qu'il est mort et que nous cachons la vérité !

– Dans ce cas, lui répondit le Père divin, nous allons habiller Toutankhamon, le maquiller et le faire beau. Dès qu'il se sentira mieux, nous placerons son fauteuil sur le balcon et il pourra s'adresser au personnel et à la cour. Tous les Thébains sauront qu'il est vivant et qu'il reprendra ses fonctions dès que les médecins l'auront définitivement guéri.

– Crois-tu réellement que le roi sera comme avant ? Pourra-t-il un jour partir pour la guerre et chasser ?

– Le Crétois n'est guère optimiste. C'est un médecin loyal qui ne mâche pas ses mots et qui refuse de dissimuler la vérité comme ses confrères. En cela, je l'admire car les Grands de ce pays préfèrent entendre des paroles réconfortantes qu'ils récompensent toujours trop vite.

– Cet homme me glace les os, grand-père. J'ai surtout l'impression que notre roi chéri souffre de plus en plus lorsqu'il se réveille. Il gémit même dans son sommeil.

– Le Crétois tente de le soulager. Il est difficile d'évaluer ses souffrances car il ne parvient pas à faire des phrases claires et longues. Il ne prononce que des mots sans suite.

– Il nous a reconnus.

– Mais il est incapable de se souvenir de ce qui s'est passé.

– Cela a l'air de te préoccuper.

Contre son habitude, Aÿ se mit à rougir.

– J'avoue que j'y pense sans cesse car il pourrait nous donner des pistes sur son agresseur.

– À chaque fois que nous en parlons, je te trouve excité et terriblement soucieux. On m'a dit que tu interrogeais souvent le Crétois dans la journée au sujet de la lucidité du roi.

– En effet. S'il parle et s'il nous fait des révélations, je veux être le premier à les entendre.

– Tu sais pourtant que le Crétois te préviendra. Lui seul sera au courant puisque tu as éloigné les autres de la chambre royale.

– On n'est jamais trop prudent, répliqua Aÿ. Votre vie m'est chère. Je m'en voudrais d'avoir été négligent.

Ankhesenamon jugeait l'insistance de son grand-père, calme en toutes circonstances, étonnante et mystérieuse. Elle avait l'impression qu'il en savait plus qu'il ne le disait et tous ces secrets l'intriguaient. « Me cacherait-il un événement ? » Fuyant ses questions, Horemheb lui paraissait également distant.

– Je n'aime guère que l'on me fasse des cachotteries comme si j'étais encore une enfant incapable d'assumer les pires situations. Moutenejmet est égale à elle-même. Elle ne doit donc rien savoir de plus. Maïa me surveille comme si j'étais encore au berceau. Elle non plus n'est au courant de rien. Moïse est le seul qui pourrait deviner ce qui se passe. Mais il reste persuadé que Panéhésy est responsable de tout et cette fixation ne nous arrange guère pour rester objectif. Si je l'interroge, il me répondra qu'il est à la tête d'une conspiration et qu'il veut devenir Pharaon. Il faudrait que Moutenejmet écoute les propos de son époux à son insu. Il reçoit beaucoup de courtisans et de lieutenants. En étant attentifs, nous pourrions deviner ce qui se trame. Horemheb et Aÿ doivent enquêter en secret et avoir des doutes sur les éventuels coupables.

La reine n'avait confiance en personne. Plus les jours passaient, plus ses soupçons grandissaient envers les uns et les autres. Elle sursautait au moindre claquement de porte, observait les serviteurs qui dépoussiéraient les statues et les meubles, faisait ouvrir le courrier de tous ceux qui vivaient à la cour, refusait l'entrée du palais du roi aux étrangers, renvoyait les quémandeurs et les ouvriers qui menaçaient de faire grève.

Elle qui se sentait constamment soutenue par son grand-père et ses proches conseillers avait subitement l'impression d'être esseulée. Elle ne savait à qui se confier. Ses plus chères complices ne lui apportaient qu'un réconfort insuffisant face aux terribles menaces qui pesaient sur sa famille.

La reine s'était repassé des dizaines de fois la même scène dans sa tête. Elle imaginait le roi en train de dormir sur son lit aux pieds dorés en forme de pattes de lionnes. La porte s'entrouvrait et un étranger entrait. Trop fatigué, Toutankhamon ne l'entendait pas. Il avait posé sa nuque sur le repose-tête bleu ourlé d'or et respirait tranquillement. L'homme s'emparait d'un objet contondant et frappait en haut du cou du souverain de toutes ses forces. Tant de questions restaient pourtant sans réponses.

– Comment un étranger s'est-il introduit dans la chambre royale sans être vu ? se demandait la reine. Comment a-t-il échappé à la vigilance des gardes ? Avait-il des complices ?

Une éventuelle entente entre un soldat et un assassin faisait terriblement peur à Ankhesenamon.

– Si les oiseaux peints sur les murs de la pièce pouvaient parler !

Personne n'expliquait non plus comment le coup asséné était passé inaperçu.

– Le roi n'a pas crié. L'arme n'a pas été retrouvée. Le meurtrier avait dû l'apporter avec lui. Où l'avait-il cachée avant d'entrer dans la chambre ? Cet objet devait être volumineux.

Là encore, personne n'avait pu apporter de réponses satisfaisantes aux interrogations d'Aÿ.

Ankhesenamon était très émue car elle devait assister à l'examen de son mari. Le Crétois avait retardé l'analyse du coup en espérant qu'il ne serait pas nécessaire mais, l'état du pharaon ne s'améliorant pas, il fallait bien pousser les recherches un peu plus loin.

Quand la reine, arriva dans la pièce, la tête de

son époux endormi avait été rasée. Elle était habituée à le voir ainsi. Quand il avait trop chaud, le pharaon se faisait volontiers couper les cheveux ras comme les prêtres. Le Crétois, qui guidait le barbier, prit la lame tranchante qui avait permis d'ôter le moindre duvet du crâne de Toutankhamon. Il la tendit au barbier et lui demanda de se retirer. Puis il plaça le corps du roi sur le côté. La reine retint un cri. Une large bosse, rouge et violette, couvrait le bas de la nuque.

– Cette contusion me paraît éloquente, dit le médecin à Aÿ. Le roi a reçu un coup extrêmement violent.

– As-tu déjà vu ce genre de blessure ?

– Oui. Mes collègues ont certainement plus d'expérience que moi. Mais j'ai déjà pu constater que les chasseurs se blessaient souvent au front ou au menton. Leur face est parfois remplie de bleus, de griffures et d'hématomes. Mais jamais je n'ai vu pareil coup au niveau des cervicales.

– Le roi a pu être éjecté de son char. Si sa nuque a heurté un rocher ou une simple pierre...

– Tout est possible. Personne ne nous a dit que le roi était tombé pendant la partie de chasse. Lui-même ne s'en souvient pas. Il m'est également arrivé de voir de tels coups sur le crâne des ouvriers. Certains artisans des tombes royales ont pris des éboulements sur la tête, d'autres ont reçu des blocs énormes sur les épaules.

– Crétois, dit Aÿ qui ne souhaitait pas perdre de

temps en discussions, dis-moi ce que les papyri médicaux préconisent en pareil cas.

– Hélas rien, répondit aussitôt le jeune médecin.

– Comment peux-tu en être sûr ?

– Je connais tous les manuscrits par cœur.

Le Crétois posa un petit étui en bois sur une table de chevet et en sortit des pinces.

– Le roi a encore saigné du nez, dit-il.

– C'est mauvais signe.

– L'intérieur de la tête est sans doute endommagé. Je ne pense pas que le crâne ait été abîmé. J'espère que le roi n'a pas de fracture.

Le médecin nettoya lui-même les narines du roi.

– Le sang coagulé l'empêchait de respirer. Il sera mieux ainsi.

– Va-t-il guérir ? demanda timidement la reine en s'avançant vers le Crétois.

– Hélas, reine, je ne puis me prononcer. Comme je viens de l'expliquer au divin Père Aÿ, nous n'avons aucun remède. Les livres ne nous aident pas.

– Ton discours reste vague.

– Je ne veux pas vous tromper. Je n'ai aucune certitude sur le rétablissement du roi.

– Dans ce cas, je ferai appeler les guérisseurs, dit la reine. Ils m'ont beaucoup aidée pendant la maladie de ma fille.

– Je ne peux m'y opposer, répondit le Crétois. Je connais, cependant, toutes leurs potions.

– Qu'ils viennent, dit Aÿ. Mais tu les assisteras

et tu veilleras à ce qu'ils ne donnent pas de poison à notre roi. Toi seul connais suffisamment les vertus des plantes pour empêcher un acte criminel. Je te fais entièrement confiance.

– Tu le peux, divin Père. Je suis si triste de ne pouvoir vous apporter une bonne nouvelle.

– Rien n'est perdu, répondit Aÿ en réconfortant la reine. Le souverain vit et respire paisiblement.

Des magiciens et des guérisseurs envahirent bientôt la chambre du roi. Des trépieds et des petites tables, extrêmement belles, en ivoire et en bois précieux, rutilantes, aux teintes nuancées du clair au plus foncé, avaient été placés dans la pièce. Les rideaux avaient été attachés pour que la lumière pénétrât dans la chambre.

Des dizaines de domestiques s'activaient. Tous vêtus d'un pagne blanc court et froncé, ils se pressaient en ordre et en rang. Ils prenaient grand soin des vases, des coffrets et des coupes qu'ils portaient. Certains récipients étaient déjà prêts, d'autres, en albâtre, étaient encore vides. Mais il se dégageait de tous ces bols, fioles et plats des odeurs curieuses. De l'amande à la rose en passant par l'encens ou la myrrhe, chaque onguent avait son odeur particulière.

La reine observait attentivement les hommes qui entrèrent en file et qui la saluèrent. Aÿ était tout aussi vigilant. Ils se présentèrent, citèrent leurs titres et se courbèrent devant le divin Père.

– Avant de commencer, je veux que chacun d'entre vous me décrive très exactement ce qu'il va faire.

– Très Honorable, nous le ferons avec plaisir. Mais qui va approuver nos traitements ? Le divin Père connaît-il le pouvoir des plantes et les formules magiques ?

Aÿ sourit. Il se méfiait de l'habileté de ces magiciens, souvent arnaqueurs et fabulateurs.

– N'ayez crainte, répondit-il. Nous avons parmi nous le plus grand connaisseur de plantes qui soit ! Vous ne serez pas étonnés de son origine. Il est Crétois ! Comme tous les hommes de son pays, il sait mélanger les aromates et les feuilles pour préparer des baumes, des potions et des pommades apaisantes.

Les guérisseurs saluèrent le jeune Crétois qui les écouta en silence.

– Tu restes muet... dit Aÿ au Crétois. J'attends ton avis.

– Je réfléchis, Père divin. Accorde-moi quelques instants.

Le Crétois se tourna vers l'une des fenêtres et contempla le ciel et le soleil. La lumière éblouissante ne semblait pas le gêner. Il se concentrait. Il ferma alors les yeux et revint vers les guérisseurs.

– Dites-moi très exactement quels produits vous allez utiliser, dit-il à deux d'entre eux. Vous êtes restés vagues. Il me faut plus de détails.

Les deux magiciens se regardèrent et s'interrogèrent. Ils s'apprêtaient à protester quand le Crétois les calma d'un geste.

– Je sais que vous n'aimez pas révéler vos secrets et que vous vivez grâce à ce que les Anciens vous ont appris de bouche à oreille. Mon père m'a lui-même enseigné ce que son père lui avait montré. Je ne puis cependant vous laisser approcher le roi sans plus de précisions.

Aÿ insista :

– Nous sommes dans une situation particulière. Nous devons prendre toutes les précautions nécessaires.

– Resteras-tu près de nous lorsque nous travaillerons ? demanda l'un des guérisseurs au Crétois.

– Absolument ! dit Aÿ.

– Dans ce cas, Père divin, permets-moi de me retirer car je refuse de révéler les formules que m'ont apprises mes grands-parents. Ils travaillaient déjà au palais royal.

– Je t'interdis de partir, répondit Aÿ.

– Nous voilà dans une situation complexe, insista le guérisseur.

– Trouvons une solution. Puisque le divin Père Aÿ souhaite ma présence dans cette pièce, je contrôlerai les ingrédients et les plantes que vous utiliserez. En revanche, je ne regarderai pas quel mélange vous faites. Si j'estime que l'une des plantes peut être dangereuse pour la santé du roi, je la supprimerai.

– Aucune des feuilles que j'ai choisies ne peut

être dangereuse, affirma le guérisseur. Interrogez les autres et commençons notre travail.

Le Crétois souleva tous les couvercles et sentit tous les aromates pour contrôler qu'aucun n'avait été mêlé à un poison quelconque.

– Qu'en penses-tu ? demanda Aÿ.

Contre toute attente, le Crétois se plaça devant les magiciens alignés et en désigna deux du doigt.

– Nous nous passerons de vos services, dit-il froidement.

– Que se passe-t-il ? demanda la reine qui avait suivi ce cérémonial avec beaucoup d'attention.

– Je connais ce genre de produit et cette race de magiciens. Ils ne nous apporteront rien.

Les deux hommes se retirèrent sans se plaindre.

– Pouvons-nous commencer ? insistèrent les autres.

– Allez-y. Je vais juste vous lire le rapide rapport que j'ai fait sur le coup que le roi a reçu à la tête. Peut-être s'est-il blessé lui-même. Il reprend parfois connaissance.

Le Crétois lut très lentement ses conclusions. Il s'arrêtait parfois en guettant les réactions des magiciens. Mais ceux-ci restaient stoïques.

– Vous ne posez aucune question ? demanda le Crétois.

– Nous ne sommes pas des inquisiteurs ni des policiers. Nous sommes à votre service.

Chacun se mit devant sa table et prépara ses propres potions. Certains réclamèrent des réchauds.

– Nous aurons besoin de feu.

Le Père Aÿ fit venir des cuisiniers et leur demanda de suivre les instructions des magiciens.

– Nous préférons les accompagner. Il ne faut pas faire bouillir ces potions, juste les réchauffer...

– Vous ne sortirez pas de cette pièce, intervint le Père Aÿ. Contentez-vous, pour le moment, de travailler. Dites très exactement aux cuisiniers ce que vous attendez d'eux. Quand vous aurez terminé, je vous expliquerai pourquoi nous agissons ainsi.

Les guérisseurs se plièrent de très mauvaise grâce aux volontés du Père Aÿ.

– Il n'est pas facile de travailler avec vous. Vous discutez sur tout. Vous protestez sans cesse. Ne savez-vous pas que vous devez être entièrement dévoués à Pharaon ?

– Nous sommes de fidèles sujets du roi mais nous sommes également respectés pour notre talent. Jamais nous n'avons été traités de la sorte.

– Bien. Je vais donc vous parler dès maintenant. Puisque les cuisiniers sont partis, sachez que les Égyptiens réclament chaque jour des nouvelles du roi.

– Ils le croient guéri.

– Vous avez tous constaté que son état de santé est très préoccupant. Nous ne souhaitons pas que les Égyptiens le sachent d'autant que le pharaon peut retrouver la forme du jour au lendemain.

– Nous devrons donc garder le silence sur cette visite.

– N'êtes-vous pas tenus au secret comme les médecins ?

– Nous avons nos règles déontologiques.

– En tant que premier personnage de l'État, je vous interdis donc de rapporter ce que vous avez vu dans cette pièce.

La reine insista et jura qu'elle condamnerait à mort tous ceux qui n'exécutaient pas les ordres de son grand-père.

– Personne ne sait que vous êtes ici... ajouta-t-elle. Vous ne serez pas questionnés.

– Reine puissante, rien n'est ignoré dans ce palais. On nous a vus entrer. Nous ne sommes pas souvent convoqués lorsque tout va bien au palais.

– Ce magicien a raison, dit la reine.

– Si on vous interroge, mentez ! Dites que vous êtes venus me voir ! répliqua Aÿ. J'ai besoin de force pour diriger le pays. Or, je suis âgé pour remplir au mieux de telles fonctions. J'aurais bien besoin de potions revigorantes !

– Nous tiendrons ce discours, dirent les guérisseurs en se taisant aussitôt quand les cuisiniers rapportèrent les bols en argile encore tièdes.

– Tout est prêt.

– Je vous félicite, dit le Crétois. Nous allons enfin pouvoir donner ces traitements au roi.

Ankhesenamon semblait impatiente. Elle ne cessait de presser le Crétois et d'encourager les guérisseurs.

– Si vous réussissez à nous aider, vous serez riches !

Cette dernière promesse détendit l'atmosphère.

V

Les cataplasmes étaient prêts. Après avoir ingurgité des potions liquoreuses au goût fleuri, le pharaon, qui avait enfin réussi à prononcer quelques paroles et qui s'était laissé embrasser par la reine, s'était placé sur le côté comme le lui conseillait le Crétois.

– Ne crains rien, Toutankhamon aimé de tous, nous te soignons le mieux possible.

– Je souffre beaucoup moins.

– Tu le dois à ce jeune médecin, dit Aÿ.

– Enfin ! Quel bonheur de te voir revenir parmi nous ! dit la reine en se précipitant à son chevet et en lui prenant la main.

Elle ne cessait de la lui baiser et de la couvrir de larmes.

– J'ai repris confiance.

– Qui sont ces hommes ?

– Des guérisseurs, Maître des deux Égyptes. Les meilleurs du royaume !

– Je souhaite que cette vilaine blessure se referme, lui expliqua le Crétois.

Le roi porta la main à sa nuque.

– Ne bouge pas, lui dit le Crétois. Tu risquerais de te faire mal.

– Puis-je voir ce coup dont vous me parlez ?

La reine se précipita pour donner un miroir au médecin.

– Il m'en faut un autre. Grâce à un jeu de glaces, nous allons réussir à montrer au roi ce qui le fait souffrir.

– Qui a pu me blesser de la sorte ? demanda le souverain, effrayé par la grosseur de l'hématome.

– Nous espérions avoir des explications de ta part car notre enquête n'a pas abouti, répondit Aÿ. Seigneur, ne te souviens-tu pas d'un détail ? Un meurtrier a dû entrer ici à l'insu de tous. Comment est-ce possible ? Il est très important pour notre sécurité que tu te rappelles ces événements. Si nous n'avons aucune idée de l'identité de l'assassin, cet homme peut revenir et commettre d'autres forfaits. Il réussira peut-être à te tuer un jour. Es-tu sûr qu'il ne s'agit pas d'un accident ? Tu n'as pas fait une chute ? Tu n'as pas cogné ta nuque contre un coffre ?

– Il ne faut pas fatiguer le roi, conseilla le Crétois. Nous allons procéder aux soins avant que le pharaon ne se rendorme.

Les guérisseurs s'avancèrent sur un signe du médecin. Celui-ci prit lui-même un épais morceau de linge et l'imbiba généreusement d'un mélange de coriandre, de genévrier, de pavot, de miel et d'armoise. Avant de placer le cataplasme sur la blessure, le médecin fit couler la potion directement sur la peau du roi.

– Ce mélange sera un peu froid mais il ne te fera pas souffrir. Ces plantes sont apaisantes et servent de calmant. Elles facilitent grandement la cicatrisation des plaies.

– Je vais dessiner l'œil d'Horus sur ce tissu, dit la reine.

– C'est important, en effet. Il facilitera la guérison et le retour à la vie. Si Horus a perdu son œil en combattant l'affreux Seth, il l'a retrouvé grâce aux magiciens.

– Et à notre maître, le dieu Thot, ajouta l'un des guérisseurs, ravi de cette initiative.

Le roi se montra très courageux. Il gardait une position inconfortable pour faciliter le travail des médecins.

– Je vais essayer de faire tenir ce tissu en place pour que Toutankhamon puisse se remettre sur le dos. Ôtons ce reposoir trop dur. Mettons deux ou trois coussins l'un sur l'autre pour surélever légèrement la tête.

Le roi gémit en retrouvant sa place. Puis il se mit à sourire.

– Je croyais ne plus jamais voir ce visage épanoui ! dit la reine. Merci dieux puissants ! Merci de redonner vie à notre maître généreux et tendre !

– Ma bonne Ankhesenamon, tu me portes chance. Reste auprès de moi.

– Je ne quitterai pas ton chevet, lui dit la reine.

– Et toi, Aÿ, tu restes silencieux.

Imperturbable, le divin Père ne savait comment interpréter ce rétablissement inattendu.

– Tu ne te réjouis pas ? insista la reine.

– Pardonne ma froideur, Pharaon, je demeure soucieux. Je préférerais voir le roi debout et en pleine forme.

– Ton visage impassible me fait froid dans le dos, répondit Toutankhamon en essayant de plaisanter.

Mais une nouvelle douleur déchira ses épaules.

– Si tu t'agites ainsi, je crains que les saignements de nez ne reprennent, lui expliqua le Crétois.

– Des saignements ?

– Oui, Maître des deux terres. Tu as saigné abondamment et cela m'a beaucoup inquiété.

– Voilà pourquoi tu as placé des bouts de tissu dans mes narines.

– Oui. Je suis heureux que tu t'en souviennes. C'est plutôt de bon augure...

– J'avais l'impression d'étouffer...

– Je les ai enlevés dès que possible.

– Dans mon inconscient, je t'ai senti près de moi. Après, je respirais mieux. Je me suis profondément endormi.

– Pour la première fois, je te vois sourire, Crétois, remarqua la reine.

– Parce que le roi paraît recouvrer la mémoire alors que je n'imaginais plus cela possible.

– Vois, Aÿ, tout va bien. Tu peux croire en la guérison du roi.

– Ma chérie, Reine proche d'Hathor, si nous gagnons cette bataille, je ne remercierai jamais assez les dieux !

– J'ai faim ! dit le roi en surprenant tout le monde.

– Je vais te préparer moi-même des plats qui redonnent des forces.

– La reine a raison, renchérit le Crétois. Le roi doit manger beaucoup de fruits, du miel, des aliments riches mais faciles à avaler et à digérer.

– Que proposes-tu pour que le crâne de notre auguste pharaon se régénère ? demanda la reine.

– Le crâne de Sa Majesté n'est pas endommagé, répondit le Crétois.

Toutankhamon le regarda plus attentivement.

– Je ne te connais pas, jeune médecin. Où sont mes spécialistes habituels ?

– Rassure-toi, Toutankhamon, s'empressa de dire Aÿ. Cet homme est jeune mais très expérimenté. Il descend d'une célèbre lignée de savants qui connaissent mieux que personne le pouvoir des plantes. Ses ancêtres ont soigné et guéri d'autres rois.

– Bien, reprit Toutankhamon, légèrement surpris. Mes médecins me conseillent de boire du vin lorsque je suis malade.

– Ils ont raison, reprit le Crétois. Cependant, il est préférable d'attendre quelques jours avant d'en ingurgiter.

– L'eau est bien fade...

– Mais meilleure pour la santé.

– Le premier vin que je boirai sera celui de ton domaine, ma douce Ankhesenamon, dit le roi en se tournant encore vers la reine.

Il ne la quittait guère des yeux. Son regard semblait lui demander pardon.

– Je te cause du souci, dit-il. Je voudrais, au contraire, te voir sourire tout le temps.

– Mais tu n'y es pour rien !

Le roi demanda à Aÿ si la sécurité avait été renforcée au palais.

– À Malqatta et dans les environs, précisa le Père divin. Tous les bateaux qui accostent à Thèbes sont contrôlés. Personne ne quitte la ville sans donner les raisons de son voyage. Des enquêteurs sont partis interroger les paysans pour savoir s'ils avaient entendu des étrangers comploter contre nous. Horemheb a fait placer des soldats dans tout le domaine.

Toutankhamon porta sa main à ses yeux.

– Je ne te vois plus aussi bien, dit-il à sa femme. Mes yeux paraissent voilés comme si j'avais pleuré.

– C'est sans doute la fatigue, pronostiqua le Crétois. Ferme les paupières et repose-toi quelques instants.

– Je vois trouble.

– Comme si tu étais en face d'un mirage, comme si tu allais chasser dans le désert et que tu fixais l'horizon en croyant voir un point d'eau ?

– Tu as deviné.

– La lumière est trop forte dans cette pièce. Nous allons obturer les fenêtres avec des morceaux d'étoffe.

Mais la vue du roi semblait baisser. Il ferma les paupières et se reposa quelques instants.

– J'ai mal dans la tête, dit-il à Ankhesenamon. Mes tempes battent si fort.

– Il faut extraire le mal qui est entré à cet endroit, dit le Crétois comme s'il parlait d'un animal pernicieux qui se serait introduit dans le corps du souverain.

– Vas-tu faire venir d'autres magiciens ?

– Non à moins que le divin Père Aÿ ne le souhaite. Je n'ai foi que dans les guérisseurs qui connaissent parfaitement les plantes. Les magiciens qui prétendent guérir les hommes avec des amulettes et des formules magiques ne m'inspirent pas confiance.

– Pourtant, lorsqu'un mal pénètre un corps, il faut bien l'en extraire et seuls les désenvoûteurs ou les sorciers savent faire cela quand la médecine est impuissante.

– Pourquoi veux-tu embaucher un désenvoûteur alors que tu n'as pas été envoûté ?

– Qui sait ?

– Non. Je ne le pense pas. Ceux qui en veulent à ta vie ne sont pas des sorciers mais des assassins ! Ils convoitent sans doute le pouvoir ou espèrent mettre un autre roi sur le trône. Ce sont des gens intelligents qui connaissent le palais et ses accès. Ils sont peut-être proches de Pharaon.

Aÿ s'étonna du développement du Crétois.

– Je te savais médecin, non détective ou policier, lui dit-il sur un ton légèrement sarcastique. Tu es perspicace. Ton avis m'intéresse. Que penses-tu encore de la situation et de notre prétendu meurtrier ?

L'homme rougit et abandonna son ton suffisant, un peu pédant et docte.

– Pardonne-moi, divin Père. J'avais oublié en quelle compagnie je me trouvais.

– Ne t'excuse pas. Poursuis ton raisonnement...

– En réalité, pour être tout à fait franc, je ne vois pas comment un étranger aurait pu réussir un tel attentat sans connaître les lieux. Il est venu jusqu'ici parce qu'il ne redoutait personne et que tout le monde le laissait passer. Je crois, en effet, qu'il est très familier du domaine et qu'il connaît parfaitement Pharaon qui lui fait confiance. S'il appartient à une bande, ces comploteurs sont soit des complices du roi soit des amis soit des conseillers fidèles.

– Crétois, tu me fais peur ! dit la reine. Voilà bien ce que je craignais ! Nous sommes tous en danger !

– J'en ai la conviction, reprit le Crétois sans chercher à édulcorer les faits.

– Mais, à t'entendre, l'assassin pourrait être ce médecin ou celui-ci, ou encore le divin Père Aÿ et même moi ! dit la reine.

– J'ai bien réfléchi. J'en ai eu le temps en veillant le roi et je suis arrivé à la conclusion que l'assassin est en effet parmi nous.

Ankhesenamon regarda son grand-père, les yeux ronds. Elle se demandait si le jeune garçon n'était pas devenu fou.

– Parmi nous ? demanda-t-elle. Veux-tu insinuer qu'il se trouve dans cette chambre ?

– Mais non, ma chère Ankhesenamon, reprit Aÿ en se forçant à sourire. Notre jeune ami veut dire que le meurtrier est encore au palais ou qu'il y travaille régulièrement. Je suis de son avis. J'ai d'ailleurs fait poster des gardes partout.

– Ne néglige pas les soldats, divin Père, reprit le Crétois. Ils pourraient bien être impliqués dans ce complot.

– Cela suffit ! dit Ankhesenamon. Tu accuserais le général, chef des armées, Horemheb en personne !

– Loin de moi cette pensée, Reine ! répondit aussitôt le médecin.

– Mais aucun soldat n'agit sans l'aval de son chef.

– Les exemples ne manquent pas...

– Tu as raison, Crétois, dit Aÿ. Cependant, je préfère que tu gardes ces conclusions pour toi et que tu te contentes de soigner le roi.

VI

En écoutant sa femme et son médecin, Toutankhamon était replongé dans un profond sommeil.

– Je suis ravi, dit le médecin. Le roi a pu manger des mets nourrissants, faciles à digérer, pleins de vitamines. Il va peu à peu recouvrer ses forces. J'ai bon espoir qu'il retrouve alors la mémoire. Pourquoi nous torturer l'esprit ? Dans quelques jours ou même demain, le roi nous aura révélé le traître qui habite près de nous !

Aÿ s'éclipsa.

– N'oublie pas mes paroles. Garde notre conversation secrète. Quant à toi, Ankhesenamon, je te conseille la plus grande prudence. Enferme-toi dans ta chambre et ne reçois personne ! Maïa et Moutenejmet te tiendront compagnie. Surveille également ta petite fille.

– Je reviendrai ici bientôt.

– Jamais sans moi ni sans garde ! lui conseilla Aÿ.

Dans les jours qui suivirent la santé du pharaon redonna espoir à tous les courtisans. Aucun autre incident n'était venu troubler l'ordre. Aÿ s'inquiétait tous les instants de la mémoire du pharaon car d'elle dépendait la poursuite de l'enquête. Mais Toutankhamon ne se souvenait toujours pas des faits. Il avait également oublié une partie de son voyage avec Ankhesenamon. Malgré la science du Crétois, le pharaon souffrait de plus en plus. Il confia un jour à Ankhesenamon que ses douleurs étaient parfois insupportables.

– Je le vois bien et je préférerais souffrir à la place de Pharaon, lui dit-elle. Tu gémis dans ton sommeil. Tu pousses des cris qui me fendent le cœur.

– Ces souffrances sont souvent intolérables. Le Crétois prétend que la chaleur n'est guère adaptée à mes maux.

– Ce sera bientôt la saison la plus fraîche.

– Les Égyptiens doivent s'inquiéter de mon absence. On a annulé toutes les fêtes depuis mon accident... Nous ne nous montrons plus au peuple. Les paysans jasent. Les commerçants viennent aux portes du palais pour avoir de mes nouvelles. Les ambassadeurs ne sont reçus que par la reine et par le divin Père Aÿ. D'aucuns affirment même que je suis parti pour l'Au-Delà et que vous cachez ce départ.

– Je sais tout cela. Tu pourrais apparaître au balcon et parler aux courtisans pendant quelques instants. Je suis sûre que cette intervention rassurerait tout le monde.

– Je crains de m'écrouler et de ne pas avoir la force de poursuivre. Que dirait alors mon peuple si je ne suis même pas capable de parler devant lui ?

– Nous devons trouver une solution. Les jours passent et ton état s'améliore trop lentement. Si nous t'asseyons dans un fauteuil confortable et que tu puisses poser ta tête sur le dossier, il te suffira de bouger les lèvres et de saluer les hommes et les femmes que nous réunirons dans la cour principale.

– Je ferai un effort.

– Nous organiserons ce petit cérémonial demain. Je vais en parler à Aÿ. Tu prendras deux potions contre la douleur au lieu d'une et tu auras ainsi la possibilité de sourire et de te montrer plaisant avec ceux qui ont hâte de te voir guérir.

– Je ne veux pas perdre le bénéfice des conquêtes d'Horemheb. Les ennemis doivent également savoir que je suis capable de diriger l'Égypte.

– Tu sais combien les rumeurs circulent vite, mon roi. Tu es malade depuis trop longtemps.

– Je te promets de faire un effort.

Les servantes, les cuisiniers, les chefs de service, les petits fonctionnaires furent heureux de revoir leur pharaon apparemment en bonne santé. Bien qu'il eût le teint blafard et qu'il eût perdu du poids, le roi semblait content et paisible.

Malheureusement, dans les jours qui suivirent, le roi ne reprit plus connaissance. Affolée, Ankhesenamon le veillait et voulait dormir auprès de lui. Elle avait fait apporter un lit de camp dans la chambre et refusait de regagner ses appartements. De temps à autre, en pleine nuit, un cri déchirait l'obscurité. Elle se réveillait en sursaut et se précipitait vers son époux en suppliant les dieux de soulager sa douleur. Elle pleurait, se lamentait, gardait les mains de son mari contre sa poitrine, l'implorait de lui parler et d'ouvrir les yeux.

Le roi se calma soudain. L'aube venait à peine de se lever. Le froid était tombé sur Thèbes. Un grand silence avait envahi le palais.

– Ankhesenamon, en quelle saison sommes-nous ? J'ai froid.

Prise au dépourvu, la reine se mit de nouveau à pleurer et se précipita pour réclamer des couvertures.

– Je croyais que tu ne me verrais plus, dit-elle.

– Je me sens mieux.

– Tu n'as pas repris connaissance si ce n'est pour ingurgiter le repas très léger que je te préparais chaque jour.

– Grâce à toi, j'ai retrouvé la santé !

Mais une douleur d'une rare violence secoua le roi qui poussa un cri inhumain. Gardes et servantes se précipitèrent aussitôt dans la chambre.

D'autres cris suivirent, entraînant dans le palais une panique considérable. L'affolement remplaça le silence.

– Que se passe-t-il ? demanda Aÿ en pénétrant brutalement dans la pièce.

– Grand-père, le pharaon souffre atrocement.

Après des gémissements et des plaintes inquiétantes, le roi laissa retomber la tête sur le lit.

– Depuis plusieurs jours, tu donnes à Toutankhamon la potion du Crétois, dit Ankhesenamon à son grand-père.

– Oui, car notre jeune médecin a beaucoup de travail. Je l'ai envoyé à Abydos pour s'entretenir avec d'autres guérisseurs de l'état de santé du roi.

– Il n'est donc pas ici !

À cet instant, le roi se remit à gémir plus fort encore. Il eut une succession de spasmes et retomba inerte sur le lit. Aÿ appela l'un des médecins de la cour.

– Il nous a quittés, constata celui-ci, les joues pâles.

– C'est impossible ! clama la reine. Il allait mieux.

Le divin Père fit prévenir Horemheb et tenta de calmer sa petite-fille.

– J'ai tant de peine pour toi, lui dit-il. Toutankhamon était si jeune ! Il était tant aimé ! Je suis effondré. Il va falloir reconstruire, redonner confiance au peuple, trouver un successeur.

Les pleurs de la reine redoublèrent car ces

propos lui rappelèrent qu'ils avaient tous deux essayé en vain d'avoir des enfants. Elle avait fait deux fausses couches mais aucun fils n'était né de cette union.

– Vous avez pourtant pensé très tôt à assurer cette succession.

– Mes deux filles sont mortes avant leur naissance.

– Elles ont été embaumées.

– Nous allons les enterrer avec leur père.

– Hélas ! s'exclama Aÿ. Le tombeau de Toutankhamon est loin d'être fini !

– Par tous les dieux, comment faire ?

Mais le divin Père semblait avoir pensé à tout.

– Il y aurait bien une solution...

– Laquelle ?

– Elle aurait déplu à Pharaon.

– Dis-la tout de même.

– Toutankhamon voulait être enterré dans la Vallée de l'Ouest non loin d'Aménophis III.

– En effet. Mais aucune autre tombe ne se trouve à cet endroit. Aucun tombeau n'est en préparation. On ne peut donc pas emprunter la sépulture d'un autre roi pour Toutankhamon !

– Il ne reste donc qu'une solution : utiliser une tombe de la Vallée des rois qui est achevée. On changera la décoration des murs. On y représentera le roi.

– À laquelle penses-tu ? Je ne crois pas qu'il en existe une seule de terminée.

– Je pense à celle d'un haut fonctionnaire...

– Comment Père Aÿ ! Attribuer à notre grand roi la tombe d'un simple fonctionnaire ! Mais tu n'y songes pas sérieusement !

– J'y pense, au contraire. Car le roi doit être enterré décemment dans soixante-dix jours.

– La tombe est sans doute petite. Comment y ferons-nous entrer le mobilier funéraire et les objets familiers du roi ?

– Nous ferons de notre mieux.

– Le roi doit être entouré de ses chars, de ses damiers, de ses ouchebti, des cadeaux que nous avons reçus des Thébains, de ses lits, de ses parasols, de ses éventails, de ses bijoux...

– Reine, je vais me rendre moi-même sur les lieux pour voir la grandeur de ce tombeau et faire effacer, dès maintenant, les scènes que les sculpteurs et les peintres auront représentées. Je vais évaluer le nombre d'objets que l'on pourra disposer dans ces pièces.

– Il y a donc plusieurs salles.

– Un vestibule et une pièce principale. Je n'y suis descendu qu'une fois.

– Tiens-moi au courant, Aÿ. Occupe-toi des formalités. Je m'en sens incapable. Je crois bien que je prépare, moi aussi, mon voyage pour le domaine des Bienheureux.

– Ankhesenamon, chère à mon cœur, reste auprès de ton époux. Je reviens dans quelques instants. Mais ne fais rien que tu ne regretterais.

– Je suis si malheureuse !

Les artisans travaillèrent sans relâche dans la future tombe du pharaon mais ils n'en étaient encore qu'aux déblaiements. Les plans des sculpteurs, les dessins des peintres serviraient pour une autre sépulture.

Étrangement froid, Aÿ consulta très rapidement les ouvriers qui s'échinaient dans la Vallée située à l'ouest. Il choisit lui-même les scènes, en supprimant beaucoup, en modifiant d'autres. Il réclama même des tableaux peu ordinaires où le divin Père s'occupait en personne des funérailles royales.

– Je vous montrerai dans quelle tombe le roi sera enterré, déclara-t-il aux ouvriers.

Tous se demandèrent s'ils devaient interrompre leur ouvrage dans la Vallée de l'Ouest.

– Pour le moment, contentez-vous de finir ou de modifier la petite tombe. Mais vous reprendrez ensuite votre travail là où Toutankhamon aurait aimé être enterré. Je crois que ce tombeau ne restera pas vide. J'ai moi-même besoin d'une sépulture et je n'ai guère pensé à moi jusque-là. Je suis pourtant âgé. La tombe de Toutankhamon pourrait bien être la mienne.

Cette décision étonna beaucoup les artisans qui n'osèrent contredire le divin Père.

– Je vous fournirai moi-même la liste des scènes que je veux voir représenter dans cette tombe, celles du couloir et de la salle funéraire.

Bien que l'on fît remarquer à Aÿ que le sarcophage de Toutankhamon passerait difficilement par l'étroite ouverture de la petite tombe, personne ne parvint à le faire changer d'avis.

– Voudriez-vous enterrer votre roi dans un tombeau à moitié fini ?

Mais l'objectif du divin Père semblait tout autre. Il tenait manifestement à vivre sa vie éternelle dans la Vallée de l'Ouest. Son épouse avait également été conquise par cette idée. Elle l'encouragea à convaincre Horemheb et la reine, trop triste pour prendre une décision à ce sujet.

– Te rends-tu compte, mon cher mari, disait l'ancienne nourrice. Tu seras si bien près d'Aménophis III ! Cette tombe est faite pour toi. Tu as conseillé, aidé, suppléé Aménophis. Tu as été le complice et le conseiller indispensable des rois ! Tu dois, toi aussi, être enterré près des pharaons !

– Tu es ambitieuse, lui fit remarquer son époux.

– Parce que je connais ton travail qui mérite récompense.

– Ne te verrais-tu pas, toi aussi, dans ce tombeau large et magnifique ?

– Je le reconnais.

– J'ai décidé de faire peindre ton image et ta silhouette sur tous les murs. Tu deviendras éternelle. Tout le monde te connaîtra.

L'ancienne nourrice ne pouvait être plus comblée. Mais l'ambition d'Aÿ dépassait ce que son épouse pouvait imaginer.

– Qui va devenir Pharaon ? demandait-il sans cesse.

L'idée de devenir roi hantait ses nuits. Plus rien ne lui semblait impossible. Aucun prince n'était capable de gouverner. Si sa place était à côté de celles des rois, son rôle était peut-être de diriger seul l'Égypte.

Le chagrin de la reine était plutôt favorable aux desseins d'Horemheb qui n'avait pas l'intention de prolonger l'enquête sur la mort étrange du pharaon. Son décès favorisait ses objectifs. Il avait beaucoup de mal à consoler son épouse qui aimait le roi et la reine. Elle avait décidé d'aider Aÿ et Ankhesenamon à choisir le mobilier qui serait déposé dans la tombe de Toutankhamon.

– Je tente de distraire la reine pour qu'elle oublie cet affreux malheur, disait-il à Maïa qui était aussi désorientée que la reine.

La nourrice du roi défunt ne cessait de pleurer. Elle, qui n'avait pas l'habitude de s'épancher en public, préférait se réfugier dans sa chambre pour ne pas montrer son visage baigné de larmes. Elle ne mangeait plus. Elle refusait de rencontrer l'embaumeur. Même Moutenejmet n'avait pas réussi à l'intéresser à l'enterrement du roi.

– J'ai l'impression que les deux mois qui nous séparent des funérailles ne seront pas suffisants pour apaiser mon chagrin.

– Le peuple et le pays sont en deuil. Je comprends ta douleur. Mais tu dois absolument nous aider à préparer au mieux l'enterrement de notre pharaon. Toi seule connais ses goûts, ses habitudes, ses préférences.

– La reine était si proche de son époux qu'elle sera de meilleur conseil que moi.

– Je n'en suis pas si sûre, Maïa. Nous devons également disposer dans le tombeau du roi des objets de son enfance. Or, Ankhesenamon ne sait pas ceux qui lui étaient chers et ceux qu'il utilisait souvent.

– Ils se sont mariés si jeunes qu'Ankhesenamon doit en savoir autant que moi à ce sujet.

– Tu fuis tes responsabilités, Maïa. J'en suis étonnée car ce n'est pas dans tes habitudes ! Toi si forte, si bonne conseillère, si maîtresse de toi, tu nous es indispensable.

– Dans quelques jours, je me rendrai peut-être dans la salle où vous avez rassemblé les objets qui seront placés dans la tombe du roi. Je vous dirai, alors, si j'estime que certains d'entre eux n'ont pas leur place dans le tombeau de Toutankhamon.

– Nous craignons surtout les oublis. Comment le roi vivrait-il heureux dans l'Au-Delà s'il n'a pas tous les objets qui lui sont chers ?

– Ne t'inquiète pas, Moutenejmet. J'accomplirai mon devoir et je ferai un tri lorsque vous aurez fait le vôtre. Pour le moment, je ne souhaite pas voir ces objets qui me rappellent l'amour que je porte à mon cher Toutankhamon qui a bu mon lait et que j'ai bercé avec tendresse. Je viens de perdre mon enfant, celui que j'aime le plus et dont je suis la plus fière. Rien n'est plus douloureux que de laisser partir son enfant en pleine jeunesse. Il n'avait plus ni père ni mère. J'étais sa complice, son amie, sa confidente.

– Ma pauvre Maïa, je ne réussirai pas à te consoler. Sache seulement que nous sommes tous bouleversés et qu'il est préférable que nous restions unis dans la douleur. Si le roi a été assassiné...

La nourrice poussa presque un cri.

– Je t'interdis d'avancer cela sans preuves ! dit-elle en tendant le bras vers elle comme si elle avait vu un fantôme et qu'elle refusait cette vision.

– Mais tu sais que le divin Père Aÿ est persuadé que...

– Ton époux est, lui aussi, très perspicace, reconnut Maïa. Je ne puis croire que quelqu'un détestait notre roi.

– Maïa, si le roi a été tué, reprit énergiquement Moutenejmet, nous sommes tous en danger car un soldat a également été retrouvé mort dans le palais.

– Il s'agit d'un règlement de comptes !

– Personne ne le croit.

– Il s'agit d'un accident, Moutenejmet, d'un affreux accident !

Comprenant qu'il était impossible de faire entendre raison à la nourrice, l'épouse d'Horemheb la laissa à sa peine. Toute la cour était perturbée par les résultats de l'enquête qui ne progressait guère.

– Qu'en est-il vraiment ? se demandait la femme du chef des armées. Maïa a-t-elle tort ? Je voudrais tant que notre famille ne soit pas menacée. Je déteste cette atmosphère de conflits, de suspicion et de doute qui a subitement envahi Malqatta. Nous vivions dans le bonheur le plus total. À l'exception de ces deux fausses couches qui avaient contrarié le couple royal, tout allait pour le mieux. Aujourd'hui, les courtisans s'observent, se suspectent, ferment leur porte le soir et embauchent des gardes pour protéger leur famille. On a l'impression que les dieux ont tout changé. Pourquoi ? Que s'est-il donc passé ? Malgré cette perte atroce, l'Égypte doit conserver son optimisme. Il faut trouver une solution !

VII

Aÿ se rendit de bonne heure dans la Vaste Prairie. Il se montrait de plus en plus actif. Ayant exigé de reprendre l'enquête, il avait imposé ses volontés au chef des armées qui avait préféré s'incliner. Le peuple réclamait un coupable et une condamnation. Il fallait donc persévérer.

– Mes soupçons se portent sur Panéhésy, avait dit Aÿ à Horemheb. Interroge-le. Fais-le avouer !

– Père divin, lui avait rétorqué Horemheb qui supportait encore moins les ordres d'Aÿ que ceux du pharaon défunt, je sais que tu veux à tout prix un coupable. Je ne peux pas, cependant, condamner n'importe qui !

– Ce ne sera pas la première fois !

– Ta légèreté m'inquiète et me surprend. Tu étais très rigoureux, équitable et juste...

– Horemheb, nous n'avons guère le choix ! Ton enquête piétine et les Égyptiens veulent un coupable !

– Panéhésy n'a rien à se reprocher. La reine le protège. Elle prétend qu'on s'acharne à tort contre lui.

– Panéhésy est un traître ! Il voulait prendre le pouvoir à Akhetaton. Il nous déteste tous, y compris la reine !

– Ankhesenamon a besoin de réconfort. Elle trouve de l'aide auprès de lui. Elle ne se séparera pas de ce fonctionnaire à ses yeux indispensable.

– Parle-lui !

– Ce problème ne semble pas t'intéresser.

– Je voudrais, comme tout le monde, trouver ceux qui nous veulent du mal mais je dois avant tout diriger l'Égypte.

– Diriger l'Égypte ? Tu parles comme un pharaon !

– N'ai-je pas assumé le rôle du roi pendant des années ?

– Sans mes services, l'Égypte appartiendrait à nos ennemis !

– Je ne mésestime pas tes fonctions.

– Je préfère cela car tu décides de tout sans même nous consulter...

– Nous ?

– Les hauts fonctionnaires et les Grands prêtres peuvent donner leur avis en l'absence de roi. Nous ne savons qui va succéder à Toutankhamon...

Aÿ s'était interrompu, ayant mis un terme à la discussion pour parer au plus urgent.

Dans la Vallée, les bruits des outils résonnaient

dans le désert. Le divin Père avait multiplié le nombre d'artisans. Il avait mobilisé tous les artistes du Village des ouvriers et leur avait donné des instructions précises. Même les femmes des artisans participaient à l'élaboration de la future tombe de Toutankhamon.

Jamais la Vaste Prairie n'avait connu une telle activité. La nécropole s'était transformée en ville active.

Quand il arriva sur les lieux, les chefs d'équipe étaient déjà prêts et faisaient compter les outils par les scribes.

– Ne cassez pas ces ciseaux ! Nous n'en avons pas d'autres et ils nous seront précieux ! criaient-ils aux ouvriers.

– En quelques jours nous devons faire de ce petit tombeau une magnifique sépulture, expliqua Aÿ. Je veux que les funérailles de Toutankhamon soient exceptionnelles.

– Nous travaillerons jour et nuit, répondirent les chefs d'équipe. Nous tenons, nous aussi, à accomplir au mieux notre mission !

– Je vous récompenserai. Vous ne regretterez jamais ce travail. Toute votre vie et pour les siècles à venir, vous serez des héros.

Aÿ savait parler à ceux qu'il voulait mettre à ses pieds. Il louangeait et encourageait les hommes sans relâche. Aussi parvenait-il toujours à ses fins.

– Bien, par les dieux, où en sommes-nous ?

demanda-t-il en pénétrant lui-même par l'étroite entrée.

Il se baissa et plaça sa main au-dessus de lui pour éviter de se cogner la tête.

– C'est très sombre, constata-t-il.

– Nous peinons à la tâche.

– Mobilisez vos femmes. Elles tiendront et surveilleront les torches. Vous avancerez plus vite. Il est inconcevable que les sculpteurs, les dessinateurs et les peintres accomplissent du bon travail dans ces conditions. Or, je tiens à ce que cette tombe soit vraiment sublime. Tout le monde doit constater à quel point je m'occupe du pharaon et de sa vie dans l'Au-Delà.

– Père divin, personne ne peut douter de ta fidélité, répondit l'un des chefs d'équipe.

– C'est une évidence. Je veux, pourtant, que tous les Égyptiens sachent que je regrette le roi et que je procéderai moi-même au rite de l'ouverture de la bouche lors des funérailles.

Les chefs d'équipe eurent un moment d'hésitation.

– Père divin, voilà un détail que nous ne connaissions pas. Il est extrêmement important !

– Il est capital !

– Il faut le dessiner sur les murs de la tombe de Toutankhamon. Voudrais-tu poser quelques jours pour nous afin que ton visage et ta silhouette soient parfaitement fidèles ?

Le Père divin fit mine d'être chagriné par cette

proposition qui le flattait et qu'il jugeait absolument nécessaire.

– J'ai beaucoup de travail... Vous pourriez venir faire quelques esquisses dans mon bureau...

– Nous n'interromprons pas ton travail, assurèrent les chefs d'équipe.

– Dans ce cas, nous pourrions commencer dès demain matin. Je me lève tôt... Le prêtre vient me saluer et me souhaiter une bonne journée. J'invoque la lumière d'Amon et le remercie d'être en vie. J'écoute les dépêches lues par mes scribes. Je reçois les ambassadeurs. Je ne puis déroger à ce programme...

– C'est celui d'un roi ! constatèrent les chefs d'équipe.

– En effet. Je retourne, ensuite, à mon bureau pour dicter aux scribes les réponses aux missives qu'ils m'ont lues le matin. Vous pourriez venir à ce moment.

Mais le Père divin rectifia ses positions. Il avait oublié que certaines lettres devaient rester confidentielles.

– Je me rends ensuite dans la salle des archives et je fais une petite pause dans le jardin.

Aÿ parut réfléchir alors qu'il avait programmé ces séances de travail depuis la veille.

– J'ai besoin de concentration et de réflexion. Je dois réfléchir à des décisions importantes pour notre pays. Cependant, je pourrais réussir à tout faire plus vite le matin. Vous me rejoindriez dans le parc royal. Je me trouve généralement non loin de l'estrade où les rois haranguent parfois les messagers.

– Il serait bon que tu ne poses pas Père divin. Nous esquisserions ainsi des gestes naturels, une expression dans ton visage.

– Le règne d'Akhenaton est terminé, dit Aÿ. Vous n'êtes pas obligés de rester fidèle à la réalité. Si vous me peignez plus jeune que je ne le suis, je ne vous en voudrai pas !

Les ouvriers esquissèrent un sourire.

– Mais il ne faut pas non plus me donner les traits de notre jeune Toutankhamon !

– Penses-tu, Père divin, que les sarcophages du roi passeront par cette entrée ?

– Non. Il faut impérativement l'élargir ! Comment sais-tu que nous avons prévu plusieurs sarcophages pour le roi ?

– Les rumeurs courent... On raconte que ces sarcophages vont être disposés les uns dans les autres et qu'ils représenteront le roi dans toute sa majesté.

– J'y tiens absolument. Jamais le roi n'aura été aussi beau que dans son costume de couleur avec les attributs du pouvoir croisés sur sa poitrine, sa barbe postiche et sa coiffe. Il restera ainsi le plus beau des rois pour l'éternité.

– Si nous ne voulons pas abîmer ces sarcophages, nous devons commencer par agrandir le couloir d'accès à la pièce principale.

– Elle-même est minuscule en proportion de tous les éléments que nous souhaitons mettre à l'intérieur.

Même s'il paraissait affligé de faire un tel constat, Aÿ ne proposa pas une autre solution. Afin de couper court à toute velléité, il rappela que l'ancienne tombe de Toutankhamon deviendrait la sienne et qu'il était inutile de revenir sur cette décision.

– Il est impossible de choisir une autre tombe maintenant, dirent les chefs d'équipe. Quel dommage d'entasser de si belles pièces dans un espace aussi étroit. Nous aurions pu les mettre en valeur, les disposer autour du roi avec goût. Au lieu de quoi, tous ces objets magnifiques vont s'enchevêtrer comme dans une cave ou un cagibi.

– Nous n'avons pas le choix ! Allons ! Au travail !

Le Père divin releva enfin la tête dans la salle qui devait accueillir les sarcophages du roi. Il posa sa main sur les murs et en estima la qualité.

– Ces parois s'effritent, constata-t-il.

– Hélas ! Il va pourtant falloir les lisser avant de reproduire les scènes de la vie de Toutankhamon.

– Je vois ici des coups de ciseaux. Vous avez commencé par ce côté. C'est précisément là que je souhaiterais être représenté en train d'accomplir le rite de l'ouverture de la bouche...

– Où va-t-on placer le corps du roi ?

Les chefs d'équipe tournaient sur eux-mêmes en essayant de trouver l'emplacement le plus large.

– Toutankhamon sera placé ici, dit Aÿ en pointant le doigt vers le mur où il serait peint en compagnie du roi.

– Il est impossible de placer le sarcophage au milieu de la pièce.

– Qu'importe ! Le roi sera très bien contre cette paroi. Je veillerai en permanence sur sa vie éternelle.

– Les fonctionnaires seront étonnés de te voir ainsi. Tu insistes beaucoup pour être celui qui assistera le roi pour l'éternité.

– En effet car j'estime avoir veillé sur cet enfant de mon vivant.

– Le général Horemheb sera-t-il également présent dans cette tombe ?

Refusant de froisser les esprits, Aÿ répondit très évasivement.

– Je vais y réfléchir et lui poser la question. Pour le moment, je ne crois pas savoir qu'il le souhaite. Cet espace est petit, comme vous le faisiez remarquer. Nous ne pourrons donc pas multiplier les scènes.

– Qu'as-tu choisi pour ces parois ?

Les trois hommes se retournèrent.

– Le roi sera en compagnie des dieux et des déesses. Il faut ajouter quelques extraits du *Livre de l'Amdouat* indispensables pour guider la vie du roi dans l'Au-Delà...

– Où doit-on dessiner la reine ?

– Je ne sais encore ce que désire Ankhesenamon. Il ne sera peut-être pas possible de la représenter dans la tombe de son époux...

Les deux chefs artisans se regardèrent, interloqués.

– En fait, je crois savoir que Toutankhamon l'avait déjà fait reproduire dans la tombe qui devait être sa sépulture. Elle y est magnifique dans une tunique transparente qui la met en valeur.

– Mais cette tombe ne sera pas celle du pharaon !

– Non. Ce sera la mienne, répondit Aÿ.

– J'avoue ne pas comprendre, Père divin...

– Contentez-vous d'exécuter mes ordres. Ma chère Ankhesenamon a été représentée dans ma future tombe. Elle y restera car je l'aime plus que tout.

– Nous serons donc obligés d'ajouter ici l'une de ses représentations. Nous devons savoir comment elle souhaite apparaître, en reine avec la coiffe des deux Égyptes, en simple épouse du roi, avec le *ka* sur sa tête, avec le soleil ou les cornes d'Hathor. Elle veut peut-être que nous la peignions aussi avec la plume de l'équité que porte la déesse de la justice Maât.

– Pour l'instant, ne vous posez pas ces questions. Il faut lisser ces parois, faire quelques esquisses en rouge sur ces murs, peindre, agrandir l'entrée... Il vous reste soixante-cinq jours pour arriver à vos fins. Croyez-vous que nous aurons le temps de discuter et de fignoler ?

Comprenant que le Père divin ne souhaitait rien ajouter, les deux chefs d'équipe qui dirigeaient, l'un, les ouvriers qui habitaient à gauche de la rue principale du village des artisans, l'autre, les artistes résidant à droite de la même voie, préférèrent se retirer.

– L'air est étouffant dans cette tombe. Pour y travailler plus efficacement, faites monter dès maintenant vos épouses jusqu'ici. Elles apporteront des gourdes, de l'eau, quelques pâtisseries, des torches et vous encourageront de leurs chants.

– Nous pouvons aussi rassembler nos enfants.

– S'ils sont assez forts pour vous aider, j'approuve cette idée. Mais, attention ! Je ne veux pas d'accident ! Je vous connais, vous les artisans ! Vous êtes devenus exigeants. Dès que le roi vous donne vos sacs de céréales en retard, vous arrêtez votre travail, vous manifestez, vous occupez les cours du palais ou les temples.

– Les ouvriers défendent leurs droits.

– Êtes-vous malheureux ? Avez-vous à vous plaindre de la gestion de l'État ? Ne recevez-vous pas un salaire honorable en rapport avec votre talent ?

– Nous sommes surtout honorés de servir les rois pour leur vie éternelle.

– J'aime ce discours. Je vous attends au palais pour vos esquisses.

Les deux chefs se couchèrent devant le Père divin qui se redressa et secoua son pagne poussiéreux. Les épaules en arrière, le port de tête altier, le visage ridé mais superbe, Aÿ tourna les talons et rejoignit son char où l'attendait son cocher personnel.

– Je retourne au palais, lui dit-il.

Économe de mots, il refusait d'avoir de longues conversations avec des domestiques ou de simples cochers. Personne ne lui semblait à la hauteur de son intelligence, de sa sagacité et de son pouvoir.

VIII

La tristesse avait de nouveau envahi toute la ville de Thèbes. Les Égyptiens sortaient peu. Ils s'emmitouflaient dans des capes pour se rendre sur les marchés qui étaient quasiment vides car plusieurs journées de deuil avaient été décrétées. N'appréciant l'hiver que pour se reposer des chaleurs de l'été, les habitants n'avaient aucune raison de se rendre dans leurs champs. Ils passaient souvent la journée les uns chez les autres et prenaient des nouvelles des enfants. Les pâtissiers et les boulangers travaillaient davantage. Pendant cette période mélancolique, ils se racontaient tous des histoires.

– Comment est mort le roi ? chuchotait-on dans les boutiques. On raconte qu'il a été tué !

Quelques policiers faisaient taire les rumeurs. Ils arpentaient les rues et écoutaient les conversations. Mais, toutes les fois qu'ils se rapprochaient des seuils des fermes ou des bâtiments publics, les

Égyptiens se taisaient et reprenaient leurs discussions juste après leur passage.

– Qu'est-ce qui vous fait dire que le roi a été assassiné ?

– Le grand Horemheb mène l'enquête. Tous ses soldats ont interrogé les paysans de la rive ouest. Personne ne débarque ici sans être contrôlé. La famille royale ne doit pas quitter le palais.

– N'est-ce pas normal en période de deuil ?

– On dit que le Père divin les protège et qu'il a conseillé à tous les proches de la famille royale de se tenir à l'abri dans l'enceinte du palais. On raconte même que le meurtrier lui-même s'y cacherait !

Il était très difficile pour le peuple d'avoir des renseignements précis sur les événements car Aÿ voulait que rien ne se colportât tant que l'enquête n'avait pas abouti.

Un jour, la reine, qui quittait rarement sa chambre, lui demanda de s'adresser publiquement aux Égyptiens et de faire circuler un message officiel sur la mort du roi.

– Cela évitera les mensonges, les inventions et les affabulations.

– Et que leur dirai-je ? Nous ne connaissons même pas nous-mêmes le fin mot de cette affaire !

– Je reconnais qu'il n'est pas aisé d'inventer. Il faudra, pourtant, contenter notre peuple sous peine d'entendre courir les pires bruits au sujet de mon cher époux.

– Devons-nous évoquer le meurtre ? Parlerons-nous seulement d'accident ? Est-il bon d'évoquer l'enquête en cours ?

– Si nous insistons sur ce dernier point, les Égyptiens viendront toute la journée aux portes du palais pour en savoir plus. Ils ne parlerons plus que de cela.

– Mais ils savent qu'Horemheb a envoyé des policiers dans toute la ville...

– Voilà pourquoi, il faut maintenant les rassurer.

Bien qu'il approuvât sa petite-fille, Aÿ repoussait l'échéance de ce discours.

– J'avoue ne guère aimer mentir au peuple qui est malicieux et difficile à berner.

– Si nous refusons de lui apporter quelques réponses, il n'en finira plus de s'interroger. Les rumeurs gagneront l'étranger.

– Je veux absolument éviter cela. Notre travail de diplomatie, de terrain et de relations publiques serait anéanti. Horemheb n'a pas vaincu tous les ennemis de l'Égypte pour en arriver là ! Je n'ai pas travaillé pendant des mois nuit et jour pour voir notre pays traîné dans la boue !

– Prépare un discours honnête et vague. Les Égyptiens ne t'interrogeront pas. Tu vas les haranguer d'une estrade ou d'un balcon. Quand tu auras fini de parler, tu te retireras aussitôt.

– Je voulais éviter les manifestations publiques tant que nous n'avons pas arrêté le tueur.

– Père divin, tu pourrais être en danger... constata Ankhesenamon. Il faudrait trouver une autre solution. Des messages devraient suffire ! Inutile de t'exposer ! Pourquoi ne pas utiliser la méthode d'Aménophis III qui faisait circuler des scarabées munis d'un court message lorsqu'il voulait faire connaître quelque chose aux Égyptiens ou aux étrangers ?

– Un discours porte davantage. Même si je fais partir des messages dans tout le pays, je préférerais faire précéder ces envois de belles paroles réconfortantes...

– Tu as raison. Je refuse, cependant, que tu mettes ta vie si chère en danger.

Aÿ regarda bizarrement sa petite-fille. Il flatta sa beauté et son goût.

– Hélas, grand-père, j'ai tellement pleuré que mes yeux ne sont plus que de fines fentes sans expression entourées de paupières boursouflées.

– Je te trouve très belle malgré tout. Tu es si jeune. Ta peau est si ferme, si lisse... Mon épouse est très fripée. Elle marche avec difficulté.

– De nombreux hommes changent de femmes ou en épousent d'autres, plus fraîches et plus actives, dit Ankhesenamon. Mais je te crois très amoureux...

– J'ai une femme merveilleuse : intelligente, cultivée, attentionnée, sereine et obéissante.

– Elle est devenue une Égyptienne sur laquelle il faut compter ! Tout le monde la respecte.

– Parce qu'elle fut autrefois nourrice royale.

– Elle est, à mon avis, très intéressante. Je l'aime beaucoup.

– Mais elle a beaucoup vieilli...

– Tu laisserais ton épouse !

– Comme tant d'autres Égyptiens.

– Mais qu'est-ce qui t'arrive, Père divin ? Pour quelles raisons abandonnerais-tu la femme qui a accompagné toute ta vie ? Vous êtes si liés, si complices !

– Les hommes ont parfois besoin d'être accompagnés de femmes plus représentatives.

– De jeunes pouliches qui ne servent que de façades ! Un Grand prêtre n'a pas besoin d'un tel étalage... Que penserait le peuple ?

– Tant que je reste Père divin avec tous mes titres actuels, je reconnais que changer de femme n'est pas nécessaire mais...

– À quoi penses-tu ?

La reine ne comprenait pas le discours de son grand-père.

– Ankhesenamon, l'Égypte n'a plus de roi...

– J'en choisirai un dès que possible. J'ai toujours accompli mon devoir.

– Je le sais, ma chère petite. Voilà pourquoi, nous devons envisager maintenant qui est susceptible de prendre le pouvoir et de diriger au mieux notre pays.

– Je ne sais... Je dois y réfléchir...

– J'ai longuement songé à tout cela, reine. Les uns sont trop jeunes, les autres trop éloignés de la cour. Je connais quelques hommes qui seraient capables d'apprendre le métier. Mais je ne leur accorde aucune confiance.

– Laisse-moi envisager quelques noms. Nous en parlerons.

– Crois-moi, Ankhesenamon, j'ai fait le tour de la cour.

– Il faut peut-être aller chercher un roi ailleurs...

– Un étranger ? Tu n'y penses pas !

– Certains rois ont des princes en âge d'être mariés. Ils ont reçu une éducation brillante.

– Notre roi doit être égyptien.

– Soit !

– Je pourrais remplir la fonction de souverain...

La reine le regarda avec stupéfaction.

– Voilà où tu voulais en venir, Père divin ! Je suis choquée par ton ambition alors que mon époux bien-aimé vient de mourir...

– Il ne s'agit pas d'ambition. Je souhaite seulement sauver l'Égypte.

– Tu es âgé...

– Je ne resterai à ce poste que quelques semaines ou quelques mois. Le temps de trouver une solution.

– Et tu voudrais te pavaner avec une jeune épouse...

La reine parut subitement comprendre les objectifs de son grand-père. Elle étouffa un cri et mit sa main devant sa bouche.

– Non, Aÿ, ne me dis pas que tu as songé un seul instant à m'épouser ?

– Tu resteras la reine de ce pays pour le bonheur de tous les Égyptiens. Il te faut un époux capable de régner. En attendant de le trouver, je tiendrai ce rôle pour te plaire.

– Et tu chasserais ta femme !

– Elle comprendra mes motivations.

– Elle ne se laissera pas traiter de la sorte. Je connais sa fierté et je la soutiendrai.

– Ankhesenamon, nous discutons tranquillement. Prenons le temps de réfléchir à cette éventuelle solution. Tu es à mon goût et je serais ravi de vivre à tes côtés. Je me sens également prêt à devenir Pharaon même si cette fonction sera temporaire.

– Un pharaon n'est jamais là d'une manière provisoire. Soit tu diriges l'Égypte comme tu l'as toujours fait avec les titres les plus enviés du monde, soit tu deviens Pharaon si les prêtres et le peuple t'acceptent. Mais je n'approuve pas du tout cette option. Je suis même très surprise que tu aies pu l'envisager.

Sentant que sa petite-fille risquait de se refermer sur elle-même, Aÿ n'insista pas. Il savait se montrer suffisamment bon conseiller pour laisser son œuvre se faire petit à petit. Il aurait, cependant, préféré que tout fût plus simple et plus rapide.

– Je suis conscient que ta blessure est encore ouverte et que tu souffres terriblement, dit le Père

Aÿ à sa petite-fille. Tu ne comprends donc pas les mots que j'emploie. Ils te paraissent cruels et inattendus. Mais, quand la paix aura rejoint ton âme, quand la déesse de l'apaisement aura envahi ton être, tu te souviendras de notre discussion et tu m'approuveras.

Comme la reine allait nier les propos de son grand-père, celui-ci l'arrêta aussitôt.

– Je connais ta réponse. Tu es si sensée, si attentive au destin de notre pays, si jeune que tu m'approuveras.

– Je suis une reine qui veut des enfants, qui souhaite donner à l'Égypte des héritiers !

– Toutankhamon n'a fait que des filles qui n'ont pas eu le bonheur de vivre. Je te donnerai les fils que tu veux.

– Mais tu es âgé...

– Quelle importance ? Ces enfants n'auront pas besoin de leur père pour s'endurcir. Ils seront bien entourés comme tous les fils du *Kep* ! Ils auront une éducation adéquate. Si leur père ne les accompagne pas à la chasse, ils seront guidés par des soldats d'Horemheb. Je n'aime guère la chasse. Mais je la juge nécessaire pour endurcir le corps et le préparer aux combats.

– J'aurais beaucoup de mal à m'imaginer dans ta couche, Père divin.

– Tu as pourtant partagé celle de ton père.

– Il était plus jeune et pharaon en titre.

– Serais-tu plus attirée par la jeunesse que par l'intelligence ?

– Je ne veux pas te blesser, Père divin. Il n'est pas question de désir ni d'attirance dans mes propos. Je t'aime comme un grand-père non comme un époux. Il me serait très difficile de te considérer autrement.

– Tu ne m'as jamais regardé autrement que comme un homme sans attrait physique. Change ton jugement et ton attitude. Tu découvriras peut-être que nous avons tous les deux un destin commun à partager.

Aÿ la regarda de nouveau comme un séducteur. Il détaillait son corps et son visage.

– Je te trouve très attirante, ma petite Ankhesenamon. Réfléchis au couple que forment Horemheb et Moutenejmet. Néfertiti ne croyait pas du tout dans la réussite de ce mariage. Il dure pourtant depuis des années...

– Horemheb a tout intérêt à rester uni à la sœur de Néfertiti ! ajouta Ankhesenamon.

– Il est très attaché à elle. Quand il l'a épousée, elle n'était qu'une adolescente insouciante et fragile.

– Voilà pourquoi ma mère y était opposée.

– Néfertiti a eu tort, reconnais-le. Moutenejmet ne s'est jamais ennuyée avec un chef d'armées pourtant austère et beaucoup plus âgé qu'elle. Elle semble même plus amoureuse de lui qu'il ne l'est d'elle.

– Ma tante avait peut-être besoin d'être protégée. Ce n'est pas mon cas. Le rôle de reine m'a endurcie. Le deuil m'a transformée. La douleur m'a apporté une maturité suffisante pour choisir seule un époux.

– Allons, Ankhesenamon, tu perds la tête...

– Non, grand-père. Moutenejmet est plus vieille que moi. La différence d'âge entre Horemheb et ma tante n'est pas la même qu'entre nous. Que penseraient la cour et le peuple ? Quelles images donnerions-nous aux Égyptiens ? Comment Thoutmès nous représenterait-il pour faire oublier que je suis très jeune et que tu aurais déjà quitté ce monde si les dieux n'avaient été bienveillants.

– Tes paroles sont cruelles et me déçoivent beaucoup, répondit Aÿ en faisant mine d'être blessé.

– Je les regrette, dit aussitôt Ankhesenamon en se précipitant vers son grand-père. Oublie-les ! Mais tu me pousses à l'excès. Jamais je ne voudrais te causer de peine. Pardonne-moi, Père divin. Je t'admire tant ! J'ai tant d'affection pour toi ! Comprends qu'il me serait impossible de me donner à toi comme à un époux.

– Tu préférerais un étranger !

– Je te supplie de ne pas me retirer ton amour, dit encore la reine. Montrons-nous moins passionnés et plus objectifs.

– Je resterai sur mes positions, Ankhesenamon.

Ne te confie pas à ma femme. Garde notre entretien secret.

– Voilà la seule promesse que je puis te faire, dit la reine en lui prenant les mains. Ne gâche pas notre merveilleuse complicité. Tu es l'être que j'aime le plus dans ce monde terrestre.

IX

Ankhesenamon ne cessait de penser à Houy, le vice-roi de Koush qui avait appris le décès de son ami avec stupeur mais qui prétendait avoir reçu des dieux des messages clairs sur cette mort. Il devait arriver d'un jour à l'autre à Thèbes. Ayant délaissé ses affaires, il avait embarqué avec sa famille pour rendre hommage à un pharaon qui lui avait donné les plus grands titres et qui avait été éduqué avec lui. Quelques jours avant son précédent voyage à Thèbes, il avait fait des songes éloquents sur la fin tragique de Toutankhamon. Malgré la netteté des images qu'il avait vues en songe, il avait refusé d'y croire et d'en parler à un devin encore moins aux membres de la famille royale. Houy se lamentait et prétendait que Toutankhamon était mort à cause de lui.

Ne comprenant pas cette accusation tournée contre lui, Ankhesenamon avait hâte d'en parler avec le vice-roi de Koush. Elle avait reçu de lui un message sibyllin qui la laissait perplexe. Elle l'avait maintes fois relu sans comprendre le sens de la lettre.

« Si je m'étais confié à toi ou au sage Aÿ, si j'avais parlé à ma mère ou à mes frères, la tragédie aurait été évitée. Au lieu de quoi, j'ai gardé mes rêves secrets. J'ai préféré imaginer qu'ils étaient stupides et fabuleux. Si j'avais été consulter un devin ou un interprète des rêves, si j'en avais parlé à Toutankhamon plutôt que de rire et de boire avec lui, le roi serait sans doute encore en vie. Il se serait méfié. Il aurait anticipé cet incident. Il aurait multiplié ses gardes. »

Ankhesenamon ne se séparait plus de cette lettre écrite à la hâte juste avant le départ d'Houy. Elle était si troublée par cette visite qu'elle restait sans voix dans l'attente de cette arrivée imminente. Mais elle ne savait si c'était l'objet de la lettre qui l'intéressait ou plutôt les retrouvailles avec un homme qui l'avait beaucoup troublée, du vivant même de Toutankhamon.

– Aÿ a raison lorsqu'il prétend que je dois très vite prendre un nouvel époux qui montera sur le trône d'Égypte. Cet homme doit savoir gouverner. Il doit être habitué à diriger des hommes. Il serait préférable qu'il soit égyptien. Qui mieux qu'Houy répondrait à cette définition ? Seuls Horemheb et Aÿ seraient capables de le concurrencer mais ils sont trop vieux. Houy donnerait à l'Égypte des héritiers convenables. Accepterait-il ce poste si convoité et si difficile à assumer ?

La reine était sûre d'avoir trouvé la solution aux problèmes égyptiens.

– Dois-je parler de cette idée à mon grand-père ou dois-je, auparavant interroger Houy ? Après tout, je suis la reine. Je décide de mon destin et de mon sort.

En y réfléchissant, Ankhesenamon aurait préféré un époux de sang royal. Houy n'était qu'un vice-roi et un excellent fonctionnaire. Cependant, aucun prince n'était susceptible de succéder à Toutankhamon.

– Quel fils de roi serait à la hauteur pour assumer de telles fonctions ? Un prince libyen ? Un Nubien ? Un Asiatique ? Je n'ai aucune confiance dans ces étrangers qui ont maintes fois trompé les pharaons.

Elle revoyait la belle prestance d'Houy, son visage souriant aux dents magnifiquement blanches, son regard bienveillant et pétillant de malice, son front rougissant lorsqu'elle s'adressait à lui, ses cheveux bruns, ses épaules larges et son corps d'athlète. Elle sentait son parfum capiteux, admirait la luisance de son torse.

– Après une si dure épreuve, Houy me sera d'un grand réconfort. Moïse m'aide beaucoup. Panéhésy m'entoure. Maïa et Moutenejmet ne me laissent que rarement seule. Je ressens, pourtant, un vide cruel. J'ai beau m'occuper des funérailles du roi, rien ni personne n'arrive à me distraire. Je demanderai à Houy de me parler de Toutankhamon. Il doit avoir vécu des moments d'amitié uniques qu'il me racontera avec mélancolie.

Elle se souvenait de l'arrivée à la cour de Nuweiba, cette princesse nubienne que le roi préférait aux autres femmes du harem.

– Ma jalousie était tellement déplacée ! Que représente maintenant Nuweiba pour mon cher époux ? Elle ne sera même pas là pour ses funérailles. Personne n'entendra jamais parler d'elle. Elle ne figurera pas sur les murs de sa tombe. Elle n'apparaîtra pas dans les archives de la Maison de vie. Son nom ne figurera dans aucune correspondance. Elle n'est pas plus importante qu'une servante. Elle l'est même moins car les domestiques du roi seront représentées sous la forme d'ouchebti et placées dans sa tombe alors que Nuweiba sera à jamais oubliée. J'y veillerai. Le roi avait raison en déclarant que je ne devais jamais me comparer à une simple femme du harem. Je suis la reine. Tout le monde le saura même dans l'éternité.

Dès qu'elle entendait un bruit, elle se précipitait à la fenêtre à l'affût des cortèges qui arrivaient.

– Houy ne peut encore être là. Il faut lui laisser le temps de faire ce long voyage.

De son côté, le vice-roi de Koush avait hâte de revoir celle qu'il n'avait pas oubliée. Respectueux du roi et très proche de Toutankhamon, il s'était refusé à envisager la moindre liaison avec la reine.

Mais la jeune femme hantait ses nuits depuis son retour en Nubie. Lui qui était très attiré par sa propre sœur avait oublié, lors des rencontres avec Ankhesenamon, l'autorité et l'assurance de celle qu'il avait autrefois aimée comme une future épouse.

– Je n'ai pas le droit de songer ainsi à la reine, disait-il sur le bateau qui le rapprochait de Thèbes. Mon ami le pharaon vient de mourir. J'en suis affligé. Toute la cour doit être en émoi. Comment puis-je envisager de regarder autrement la reine que comme une souveraine peinée ?

Il songea soudain qu'elle allait se retrouver seule et qu'il lui faudrait un époux. Son cœur se serra en imaginant la liste des prétendants.

– Qui pourrait-elle épouser ? Quel prince sera à la hauteur de son expérience et de son honnêteté ?

Il passa en revue les jeunes et brillants fils de rois.

– Je ne vois personne dans son entourage...

Du Nil lui arrivaient des odeurs presque désagréables.

– Je serai bientôt arrivé. Je doute que la reine ait déjà envisagé son prochain mariage. Elle devra, pourtant, y penser dès que possible. Je suis sûr que Aÿ lui en a parlé.

Pas un instant, Houy ne se vit en pharaon. Il lui paraissait inconcevable que la reine le voulût comme époux.

– J'aimerais tellement qu'elle trouve un être

aimant, digne d'elle et courageux pour l'Égypte et pour Ankhesenamon. Il faut aussi que ce soit un père pour sa petite fille. Pauvre enfant ! Elle perd son troisième père ! Elle n'a pas connu Akhenaton. Elle a vite oublié Semenkharê. Toutankhamon faisait un excellent père. Quel dommage !

Houy fut interrompu par ses frères qui avaient tenu à l'accompagner. Seule sa mère n'avait pas eu le courage de faire le voyage car elle était trop fatiguée.

– Nous arrivons ! lui dirent-ils. À quoi penses-tu ?

– À Toutankhamon et à ce pays...

– Il faudra le diriger.

– Précisément. Qui épousera Ankhesenamon ?

– Mon frère, nous avons bien vu combien tu tenais à la reine...

– Que voulez-vous dire ?

– Tu as changé depuis notre retour en Nubie.

– Parce que ma sœur me manque.

– Allons ! Notre sœur dirige le harem de Thèbes depuis des mois ? Nous ne t'avons jamais vu ainsi ! Quelle mélancolie depuis ton dernier entretien avec la reine !

– J'avoue qu'elle m'a beaucoup étonné et que j'ai été conquis par son intelligence et sa bonté. Je m'attendais de sa part à tous les reproches après avoir amené Nuweiba à la cour !

– Que signifie ce discours ? Serais-tu tombé amoureux de la reine ?

– Cessez de vous moquer de moi ! Nous allons débarquer ! J'espère que les membres d'équipage n'ont pas entendu vos allusions !

– Le deuil nous accable tant qu'il faut bien essayer de nous changer les idées. Les jours qui vont suivre seront terribles !

– Je le crains. Je suis le premier consterné par la mort de Toutankhamon.

Le bateau vint se ranger au milieu des papyrus. Un marin lança une corde à l'un de ses acolytes qui avait sauté dans la boue en s'enfonçant jusqu'aux genoux.

Houy n'attendit pas le déchargement des vivres et de l'or. Il descendit, lui aussi, et contempla un instant les monts pelés de la rive ouest de Thèbes.

– Je redoute ma rencontre avec la reine, avoua-t-il à son frère.

– Que crains-tu ?

– De ne pouvoir affronter sa tristesse. J'éprouve effectivement des sentiments profonds pour Ankhesenamon. Je ne sais comment les définir. Il s'agit d'admiration, de tendresse et de respect. Jamais je n'oserai prononcer à son sujet le mot « amour ». Ce serait irrespectueux vis-à-vis de Toutankhamon.

– Nous agirons ainsi puisque tel est ton souhait.

Quatre policiers s'avancèrent vers eux et leur posèrent des questions.

– Parle sur un autre ton au vice-roi de Koush !

– Qui me dit qu'il s'agit de ta fonction ? Tu n'es

pas accompagné d'une escorte. Tu ne viens qu'avec un navire jusqu'ici...

– Quelle audace ! s'exclama Houy. Tu es stupide ! Je viens d'apprendre que le roi nous a quittés. Crois-tu que nous avons eu le temps de réunir des vaisseaux ? Ôte-toi de notre chemin ! Tu ne sais même pas distinguer cet or de la crotte d'âne ! Ne vois-tu pas qu'il s'agit d'or nubien pour ta reine ?

Comme le jeune policier se montrait très soupçonneux et qu'il regardait Houy de bas en haut, le vice-roi lui ordonna de se jeter aussitôt à ses pieds.

– Si tu ne me salues pas immédiatement comme il se doit, je te fais enfermer ! cria presque Houy qui semblait subitement hors de lui.

– Je te conseille d'écouter le vice-roi, intervint le chef d'équipage sinon tu finiras aux crocodiles.

– Le chef des armées Horemheb a donné des ordres stricts. Je refuse de ne pas m'y plier. Beaucoup de monde débarque à Thèbes et invente des histoires pour avoir le droit d'y résider.

– Que signifie tout ceci ? Le roi n'a jamais empêché les voyageurs de s'arrêter à Thèbes et d'y habiter ! Des marchands arrivent tous les jours ici !

– Ce n'est plus le cas depuis le départ du roi !

– Je ne comprends pas.

– Certains prétendent que notre pharaon aurait été attaqué et que l'assassin se trouve encore à Thèbes. Il aurait des complices qui chercheraient à le rejoindre. Nous devons donc contrôler tous ceux qui arrivent et tous ceux qui partent, sans exception.

– Je comprends mieux ton zèle mais je n'excuse ni ton audace ni ta stupidité. On devine au premier coup d'œil lorsqu'un haut fonctionnaire débarque à Thèbes. On reconnaît des sacs d'or.

Le policier n'osait réclamer une preuve au vice-roi.

– Laisse le Vénérable Houy passer son chemin, lui conseilla un autre policier qui avait le nez dans la poussière. Tu le retardes.

– Nous avons débarqué tous nos biens. Il est temps d'entrer dans le palais. Comptes-tu rester devant moi longtemps ? Si tu ne te mets pas tout de suite sur le côté, je te poignarde et dis-toi bien que je ne serai jamais puni pour un tel acte !

Devant le regard furieux du vice-roi, le soldat céda à contrecœur. Les porteurs de sacs et de jarres suivirent Houy aux portes de Malqatta. Les gardes le reconnurent aussitôt et se prosternèrent devant lui tout en s'étonnant de sa tenue d'ordinaire moins négligée.

– Prévenez la reine de mon arrivée. J'ai pu constater qu'Aÿ et Horemheb prenaient toutes les précautions nécessaires pour la sécurité de la cour. Je préférerais ne pas avoir à rendre de comptes à de simples policiers trop zélés.

Les gardes se précipitèrent pour réclamer un scribe.

– Déposez ces jarres et ces sacs ici ! Les gardes les surveilleront.

Houy marcha d'un pas lent et pesant vers les appartements de la reine. Il avait le regard penché vers le sol et songeait aux mots qu'il allait employer. Personne n'osait le déranger dans ses réflexions.

– Malqatta est triste. Finis les rires, les femmes qui plaisantaient dans les cuisines, les enfants qui couraient après les oies, les servantes qui s'esclaffaient, les vignerons qui apportaient leur vin en riant, les palefreniers qui brossaient les chevaux en chantant.

– En effet, Malqatta est devenue comme avant, pendant cette éclipse si morose où la cour a été vivre à Akhetaton.

– Il faudra attendre de longs jours avant que la joie ne revienne !

X

En approchant des appartements de la reine, Houy crut reconnaître la voix d'Ankhesenamon interprétant un chant triste. Il s'en étonna. « Ankhesenamon chanterait-elle alors que la ville est en deuil ? » Une douce mélodie se répandait dans le domaine, le rendant encore plus morose. Houy sentit son cœur se serrer. Il s'arrêta quelques instants et écouta. Puis il se fit annoncer.

– Le vice-roi est déjà là ? s'étonna Ankhesenamon. C'est impossible ! Comment a-t-il fait ?

Houy se jeta à ses pieds et cita l'ensemble de ses noms. Il tenait la tête baissée pour ne pas montrer combien il était bouleversé. Il rougissait et pâlissait tour à tour.

– Allons ! Relève-toi, vice-roi !

– Reine, je suis tellement triste ! Quelle honte pour un si haut fonctionnaire de se laisser ainsi aller...

Croyant qu'Houy parlait de la mort de son mari, Ankhesenamon évoqua celui qui leur était cher.

– J'embrasse tes chevilles pour tout le désespoir que tu dois ressentir. La reine est courageuse même dans le malheur. Elle l'a maintes fois prouvé.

– Je n'ai, hélas, pas été épargnée. Mais je dois reconnaître que ta présence me réconforte. Veux-tu passer le reste de la journée à terre ?

– N'est-ce pas ma place face à Sa Majesté ?

– Je l'estime pour la plupart des employés du roi. En ce qui te concerne, mon jugement est tout autre. Tu étais l'ami intime de Toutankhamon et je ne puis l'oublier. Ce serait impardonnable. Il me faut respecter les amitiés de mon défunt époux. Plus encore que lorsqu'il était en vie, je veux agir comme il aurait agi. Il n'aurait jamais admis que tu restasses ainsi à ses pieds.

– C'est vrai, Reine toute-puissante. Mais il m'est difficile de te considérer comme le roi avec qui j'ai suivi des cours, monté à cheval, partagé tant de moments de loisirs.

La reine le prit elle-même par les épaules.

– Je te demande de te comporter avec moi comme avec Toutankhamon en souvenir de lui. Je suis prête à tout te pardonner si tu deviens mon confident.

– Je suis très heureux de cette demande, dit Houy en se relevant enfin et en se tenant droit devant Ankhesenamon.

– Alors, détends-toi et repose-toi en ma compagnie. Comment s'est passé ton voyage ?

– Il fut éprouvant. Nous sommes arrivés en très peu de temps. Mais j'avoue que mon esprit était auprès du roi pendant tout le trajet. Je pensais également à la reine.

– Es-tu venu seul ?

– Non. Mes frères m'ont accompagné. Ma mère a préféré rester en Nubie.

– Elle est âgée. Elle a raison de se ménager.

– Elle m'a, toutefois, donné un message pour toi.

Houy lui tendit un papyrus.

– Lis-le-moi. Je suis sûre qu'il est rempli de peine.

– Mère a été très touchée par cet accident. Nous n'étions pas préparés à un tel événement... Je devais tant à mon cher Toutankhamon !

– Je sais que tu étais reconnaissant et que ta famille aimait beaucoup le roi. Rares sont les fonctionnaires qui réagissent ainsi. La plupart, heureux et fiers de recevoir des colliers ou des titres en récompenses, se pavanent le premier jour devant leurs amis et embrasseraient le roi sans retenue. Les jours passant, ils estiment qu'ils ont mérité ces récompenses et que le souverain a de la chance de les employer. Ils prétendent que l'Égypte ne serait pas l'Égypte sans eux. Ils se croient indispensables et deviennent vaniteux. Quant à leur femme ou à leur famille, elles les poussent à réclamer plus de biens, plus de cadeaux et plus d'honneurs.

– Tu n'as pas tout à fait tort, Ankhesenamon, même si je connais des fonctionnaires aussi dévoués que je le suis.

Houy et Ankhesenamon se souvenaient de leur dernier entretien qui les avait beaucoup rapprochés. La reine avait reproché au vice-roi d'avoir offert à Toutankhamon une princesse nubienne qu'il avait aussitôt désirée. Mais ses deux grossesses et ses deux fausses couches lui avaient appris à vivre avec plus de sérénité. Elle acceptait son destin, la tête haute, en essayant de s'adapter à toutes les situations. Leur complicité avait, cependant, fait oublier à la reine tous ses reproches.

– Lorsque nous nous sommes vus la dernière fois, tu étais en colère et je...

– Houy, j'avais déjà oublié mon ire après notre conversation qui m'avait beaucoup plu. J'avoue que cette princesse nubienne qui a séduit le roi jusqu'à sa mort est encore une véritable peste ! Elle hante les couloirs du palais en cherchant à séduire les personnages importants du royaume. Elle ne cessait d'aguicher Toutankhamon surtout lorsque j'étais enceinte.

– Je le regrette, reine. Quelle idée ai-je eue lorsque j'ai offert cette princesse à mon ami ?

– Houy, tu as voulu bien faire. Nombreux sont ceux qui donnent de belles femmes aux rois. On oublie, dans ce cas, la Grande Épouse qui doit accepter sans broncher ses rivales. Tu ne pouvais pas imaginer que celle-ci outrepasserait ses droits. Elle est arrogante, sans égard pour le protocole.

– Pourquoi ne pas l'avoir punie ?

– Je l'avais envoyée en Moyenne Égypte pour m'en débarrasser. Ta sœur avait agi avec sagesse. Elle m'a beaucoup aidée car elle avait réussi à faire oublier la princesse au roi. Hélas ! Toutankhamon l'a retrouvée à Akhetaton lors de notre voyage sur le Nil. Il l'a immédiatement fait revenir à Thèbes et lui a donné un tel domaine que la pimbêche s'est crue tout permis ! Mon plan a échoué. Ta sœur en avait trouvé un autre quand j'ai perdu tour à tour mes deux filles. Crois-moi... J'avais alors d'autres soucis que d'écarter cette princesse sans foi ni loi.

– Est-elle toujours au palais ?

– Oui.

– Comment a-t-elle réagi à la mort du roi ?

– Elle s'en désintéresse. Je crois qu'elle n'éprouve aucun sentiment. Seul l'intéresse le successeur de Toutankhamon. Aussi courtise-t-elle tous les hauts fonctionnaires.

– Veux-tu que je la ramène en Nubie ?

– Redonne-la à son père ! Je ne souhaite plus la voir ici !

– Je la renverrai dès ce soir.

– Parfait ! Je préfère ne plus lui parler et éviter de la rencontrer. La prochaine fois, choisis mieux tes cadeaux !

Mais la reine reprit conscience de la réalité. Son visage s'assombrit. Ses yeux se mouillèrent de larmes.

– Toutankhamon n'aura plus l'occasion de te voir ni de se réjouir en notre compagnie.

Houy s'approcha de la reine dont il avait envie de prendre la main.

– Pardonne-moi mes erreurs. Si je t'avais connue, je n'aurais pas été aussi maladroit... Je ne te savais pas aussi sensible ni aussi amoureuse du roi. Les couples royaux se forment souvent par devoir...

– Houy, ton âme bonne et ton attention m'ont tout fait oublier. Tu es présent et je m'en réjouis. Honorons ensemble le roi que nous apprécions. Il nous voit.

– Je suis à ton service, reine.

– Dis-moi seulement si tout se passe bien en Nubie et si le calme est revenu.

– Totalement. L'Égypte n'a rien à craindre des Koushites en ce moment.

– Que les dieux soient bénis.

La reine paraissait esquiver le sujet qui taraudait Houy.

– Je suis si bouleversé par la disparition de Toutankhamon ! Que s'est-il passé ? J'ai pu constater que la sécurité avait été renforcée.

– En effet, Houy. Nous sommes tous en émoi. Je ne peux sortir librement d'ici.

Elle lui expliqua la situation.

– Je suis atterré. Comment est-ce possible ? Personne n'a retrouvé les coupables ?

– L'incertitude est bien pesante. Qu'est-il arrivé au roi ?

– Que vous a donc révélé Toutankhamon ?

– Hélas rien. Il ne se souvenait d'aucune agression. Et toi, qu'en penses-tu ?

– Je suis de l'avis d'Aÿ. Toutankhamon a dû être frappé dans son sommeil. Je souhaite me mettre au service d'Horemheb et l'aider pour retrouver plus vite les assassins de Celui que j'aimais comme mes frères.

– Je reconnais là ton courage et ton grand cœur.

– Tu sembles ne pas croire aux résultats de cette enquête...

– Non. J'ai un étrange sentiment. J'ai l'impression, depuis quelques mois, que tout a changé, que nous sommes entourés de traîtres, qu'il m'est impossible de compter sur qui que ce soit. Je ne sais plus à qui me confier. Pourquoi l'enquête n'a-t-elle pas davantage progressé ? D'ordinaire, Horemheb arrive toujours à ses fins...

– Oublierais-tu que les pilleurs de tombes royales nous échappent souvent ? Nous ne pouvons pas résoudre toutes les énigmes.

– Tuer un roi devant toute sa famille ! La narguer dans son propre palais ! Trouves-tu cela normal ? Je me souviens d'une époque où le Père divin Aÿ réagissait immédiatement lorsque le roi était menacé. Combien de fois a-t-il soupconné

Panéhésy de comploter contre Akhenaton ? Il finissait par le détester.

– Il se méfie encore de lui.

– Je le sais puisqu'il m'a demandé de m'en éloigner ! Mais j'ai préféré le garder à mon service.

– Le juges-tu totalement innocent dans cette affaire ?

– Oui. Il était avec moi lorsque le drame s'est produit.

– Il peut avoir des complices.

– Aÿ l'a fait interroger. Panéhésy a été aussi surpris que nous de cette triste fin. Il ne joue pas la comédie. Moïse le déteste. Il m'a expliqué que je devais m'en méfier, qu'il haïssait Toutankhamon et qu'il convoitait sa place.

– Tu n'y ajoutes pas foi.

– Je l'ai observé. Je l'ai fait suivre par mes espions. Panéhésy n'a rien à se reprocher.

– Aÿ prétend le contraire. Lorsqu'il se trouvait à Akhetaton...

– C'est une époque révolue, Houy. Mon grand-père a tout mis en œuvre pour faire condamner Panéhésy. Quand il s'est aperçu que je prendrais sa défense, il s'est désintéressé de cette affaire. Trouves-tu cette attitude habituelle ? D'habitude, quand on attente à la vie du Pharaon, Aÿ entre dans de violentes colères. Il ne cesse de harceler les gardes et les soldats. Il convoque Horemheb à tout instant pour savoir où en est l'enquête.

– Peut-être a-t-il été vexé de ta réaction lorsque tu as décidé de protéger Panéhésy ?

– Je ne sais comment te décrire l'atmosphère bizarre qui règne ici depuis quelque temps. Puisque tu vas t'installer au palais, observe, écoute et dis-moi si j'invente une légende. J'ai été si éprouvée par ce deuil que je ne sais plus quoi penser. Mon jugement est sans doute faussé.

– Je connais ton discernement. Je préfère rester à Thèbes pour aider la reine. Je crois seulement qu'Aÿ et Horemheb vieillissent et qu'ils sont peut-être moins performants. À chaque fois qu'un roi meurt, il leur faut régner à la place du souverain, prendre des décisions capitales pour l'Égypte, assurer la protection du pays, envoyer des expéditions à l'étranger, décider des lois, contrôler le travail du trésorier Maya, réprimer la corruption, juger certains délits...

– Il est vrai qu'ils n'ont guère été épargnés et qu'ils sont indispensables.

– Régner à la place d'un roi malade comme Aménophis III, d'un souverain qui se désintéresse de la politique comme Akhenaton ou d'un enfant comme Toutankhamon... Quel Égyptien ne préférerait pas être à la retraite ?

– Ils aiment tous deux leur travail et leur puissance. Je ne les plains pas.

– Je ne puis croire, reine, qu'ils aient laissé de côté une enquête aussi importante que celle qui consiste à retrouver l'assassin de Toutankhamon, s'il existe.

– Tu as raison, dit finalement Ankhesenamon. Je dois me tromper. Je ne rêve qu'au roi qui m'appelle à l'aide et qui me dit de me méfier !

– Tu ne fais plus la différence entre tes cauchemars et la réalité. Voilà un mal qui nous frappe tous lorsque nous sommes fragilisés par un deuil.

La reine réclama des parfums.

– J'oublie tous mes devoirs d'hospitalité, Houy. Les servantes vont t'apporter un cône parfumé que tu pourras placer au-dessus de ta tête. Après un si long voyage, cela te sera agréable.

– En réalité, reine, je n'ai pas été dans mes appartements car je voulais te saluer dès que possible. Je n'ai donc pas pu me rafraîchir ni me faire masser, ce que je fais toujours après la chasse ou après un parcours épuisant sous la chaleur.

Ankhesenamon demanda aussitôt à une masseuse de se présenter. Elle se plaça derrière Houy et commença à lui masser fermement les épaules puis le cou. Le fonctionnaire se laissa aller.

– Je vais chercher des crèmes relaxantes et des onguents apaisants, dit la servante au bout de quelques instants.

– Fais, lui dit la reine, et ne lésine pas sur les mixtures. Demande également à la sœur du Crétois de nous rejoindre. Je n'ai jamais eu affaire à ses services. Mais Moutenejmet m'a tant vanté ses dons que nous allons la mettre à l'essai.

– De qui parles-tu ? demanda Houy, intrigué.

– De la sœur du nouveau médecin d'Aÿ. Ce Crétois a soigné Toutankhamon lorsqu'il était malade...

– Est-il réellement si doué ?

– Oui. Il connaît très bien les plantes et ses ancêtres ont autrefois travaillé pour nos pharaons. Sa sœur, qui habitait Akhetaton avec son époux, est venue le rejoindre à Thèbes. Mais elle réside toujours à Akhetaton où elle possède une vaste demeure. Je suis sûre que la femme d'Horemheb la convaincra de venir vivre ici définitivement. Elle n'utilise que ses pommades et les lui commande à l'avance car la Crétoise ne veut pour rien au monde livrer les secrets de ses mixtures.

– Elle a raison.

La salle embauma bientôt d'odeurs diverses, toutes plus étourdissantes les unes que les autres. Il était impossible de reconnaître le parfum de chaque plante utilisée tant il y en avait. L'ensemble formait des fragrances agréables, parfois capiteuses.

– Quel plaisir ! dit Houy. Je me sens déjà mieux !

La Crétoise entra et posa quelques questions au fonctionnaire.

– Es-tu médecin ou masseuse ? lui demanda Houy en riant.

– Un peu des deux. Mon frère est médecin. Je

me contente de préparer des produits de beauté pour les femmes.

– Je n'en suis pas une !

– Mais en plus des masques anti-rides, des pommades contre les taches de vieillesse ou de rousseur, je sais aussi confectionner des baumes très relaxants. As-tu mal aux pieds ou aux chevilles ?

– Ils doivent être échauffés.

– Sens-tu ta tête lourde. Ressens-tu des points douloureux au-dessus des sourcils ?

– En effet.

– As-tu mal au dos ?

– Également.

– Je pense que tes mollets sont durs et las.

– Tu as tout deviné.

– Bien. J'ai donc pris ce qu'il te fallait. Le vénérable Houy peut-il enlever ses sandales ?

Le fonctionnaire s'exécuta aussitôt. Une suivante se précipita avec une bassine remplie d'eau fraîche pour lui rincer les pieds recouverts de poussière. La Crétoise lui demanda d'étendre l'une de ses jambes sur un petit tabouret couvert d'un coussin.

– Je crains que cette attitude ne soit guère décente devant la reine, dit-il.

– Allons, Houy. Ne t'occupe pas de moi. Nous allons continuer notre conversation pendant que mes servantes te masseront. Tu ne vas pas le regretter !

XI

Le fonctionnaire se détendit peu à peu et sentit le sommeil l'envahir.

– On dirait que tu es moins las, lui dit la Crétoise.

– Je resterais ainsi jusqu'à la fin de ma vie ! répondit Houy en remerciant Ankhesenamon de son accueil.

En voyant Houy plus souriant, la reine ressentit pour lui ce qu'elle avait éprouvé quand le roi était encore en vie, ce sentiment indéfinissable qui les rendait complices et proches. Gênée comme elle l'avait été quelques mois plus tôt, Ankhesenamon regarda en rougissant le corps musclé et bien bâti d'Houy qui ne ressemblait en rien à son époux. Le fonctionnaire respirait la santé et la force. Elle se sentait protégée à ses côtés.

– Curieusement, depuis que tu es arrivé, ma crainte s'est atténuée, lui avoua-t-elle.

– Voilà ce qu'éprouvent souvent les femmes

lorsqu'elles sont en présence de soldats. J'ai dirigé l'armée égyptienne contre les Nubiens et j'ai l'habitude d'une vie rude. Je dois aussi prendre des décisions importantes dans ma région. Tout cela forge le caractère d'un homme.

– Horemheb est lui aussi un soldat et le meilleur qui soit. Je suis plutôt mal à l'aise en sa compagnie. Nos rapports sont différents. Je doute qu'il m'apprécie beaucoup. Il détestait ma mère.

– Je m'opposerai toujours à tes ennemis, lui dit Houy en tendant ses bras à la Crétoise qui le frictionna avant de le masser sans répit en remontant des poignets aux épaules.

Houy retira un instant ses bras échauffés par les onguents.

– Tu m'arracherais les membres ! dit-il à la Crétoise. Je suis plus rouge qu'un coureur qui se serait entraîné en plein soleil !

– Ce baume mentholé va t'apaiser. La sensation de fraîcheur sera d'autant plus agréable que tes bras rougissent sous mes massages.

La première servante, qui avait commencé les traitements d'Houy, prenait des leçons de la Crétoise. Elle la regardait avec émerveillement et s'étonnait de la richesse des pommades de couleurs variées.

– Tu as beau regarder, tu ne devineras jamais mes secrets ! dit la Crétoise.

– Allons, Houy. Veux-tu également que l'on te masse le corps ? demanda Ankhesenamon.

Le fonctionnaire rougit davantage.

– Reine, ta proposition me tente. Je n'ai eu qu'un aperçu des talents de cette femme aux doigts d'or.

– Mais elle est capable de te masser jusqu'à l'aube !

– Dans ce cas, j'accepterai volontiers. Je préfère, toutefois, qu'elle vienne dans ma chambre demain car je m'endormirais maintenant sous ses massages et ce serait dommage...

La reine sourit une nouvelle fois.

– Resteras-tu sérieux ? lui demanda-t-elle.

La réponse d'Houy fut très ambiguë.

– Tant que je suis en compagnie de la reine, que je séjourne au palais et depuis notre dernier entretien, aucune autre femme que Sa Majesté ne hante mes nuits et mes jours.

– Tu regretteras tes paroles alors que ton ami vient de mourir...

– Non. S'il était en vie, je dirais à Toutankhamon quelle chance il a d'être le mari d'Ankhesenamon. Je lui conseillerais de fermer tous ses harems et de ne plus fréquenter aucune autre femme pour ne pas perdre un seul instant avec son épouse. Je réparerais mes erreurs et ne lui offrirais plus de princesse aguichante et stupide.

– Puisque mon époux ne peut entendre sur cette terre tes précieux conseils mais qu'il doit les écouter de l'Au-Delà, j'accepte tes compliments.

As-tu rencontré ta sœur ? Elle a appris ton arrivée et avait hâte de t'embrasser.

– Pourquoi voudrais-tu, reine, que j'aille serrer ma sœur contre moi alors que je dois te parler en priorité ?

– J'ai appris que des sentiments très forts vous rapprochaient et qu'elle voulait être ta femme.

– Que t'a-t-elle dit ?

– Rien... J'ai su que vous vous entendiez bien, ce qui est normal pour un frère et une sœur. Elle était persuadée que tu la demanderais en mariage. En la nommant responsable du harem et en te donnant ton poste en Nubie, le roi vous a séparés. Cela m'étonne de Toutankhamon. Lui avais-tu parlé de cette union ?

– En réalité, je crois que ma sœur a imaginé des noces dont nous n'avons jamais parlé...

La reine le regarda sous ses cils baissés. Elle comprit qu'Houy avait laissé croire à sa sœur qu'ils vivraient ensemble.

– Tu es son frère et tu n'es pas pharaon. Cette union peu ordinaire chez des fontionnaires aurait fait jaser...

– Reine, je n'ai jamais eu l'intention d'épouser ma sœur.

– J'interrogerai tes frères. Ils me diront la vérité.

– La reine ne me croit pas ?

– Ta sœur était si sûre d'elle qu'elle n'a pu mentir. Elle t'aime comme une épouse. Elle ne rêve que de quitter Thèbes pour te rejoindre en Nubie. Elle espérait beaucoup de tes visites...

– Il est vrai que nous avions parlé d'une éventuelle union, que ma mère nous l'avait déconseillée, que j'admire le courage et le caractère exceptionnels de ma sœur...

– Tu as raison, Houy. Elle accomplit un travail parfait. À elle seule, elle dirige un harem important et personne ne la contredit. Seule la Nubienne osait lui tenir tête. Elle m'a aidée et je voulais la nommer en Nubie pour la récompenser de ses services. Le roi ne souhaitait pas s'en séparer. Je n'ai aucune raison de la garder plus longtemps si elle veut partir. Pour le moment, le harem ne sert à personne.

– Il faudrait trouver un nouveau chef de harem...

– J'ai mon idée à ce sujet.

Houy se montrait très embarrassé. Il était subitement songeur.

– Mon offre ne paraît pas te plaire.

– Je préférerais que ma sœur reste ici si elle aime son travail car je ne l'épouserai pas. Je le lui dirai clairement.

– Ne lui fais pas de peine.

– Ma sœur est forte comme un homme ! Elle me dédaignera et trouvera vite un autre époux.

– Ne mésestime pas sa peine. Puis-je savoir pourquoi tu ne veux plus de ce mariage ?

– Parce que j'ai rencontré une femme merveilleuse...

– ... que tu vas épouser...

– C'est impossible.

– Je ne te comprends pas.

– Nous ne sommes pas du même monde. Elle est sans doute promise à un autre. Elle doit avoir des vues sur des hommes importants...

– Mais qui l'est plus que toi ? Maya ? Horemheb ? Aÿ ? Hornéfer ? Panéhésy ?

– Je ne suis qu'un fonctionnaire. Elle épousera un roi ou un prince.

– Il s'agit donc d'une princesse.

Houy ne répondit pas.

– Allons ! Tu inventes une histoire pour ne pas m'avouer ton amour pour ta sœur. J'en ai trop entendu pour ne pas être convaincue qu'elle est faite pour toi.

Houy nia aussitôt.

– J'avoue que nous sommes complices et que je l'admire. Elle est efficace.

– En effet ! Elle m'a beaucoup aidée mais elle désire tellement retourner en Nubie qu'elle harcelait le roi de requêtes.

– Même si je serais heureux de la voir rejoindre sa famille, je ne l'épouserai jamais comme elle l'espère. Excuse mon insistance, reine. J'ai l'impression que cette union te plairait...

– Je ne veux que votre bonheur. Ne l'aimes-tu pas ?

– Comme une sœur. Je l'ai beaucoup aimée. Aujourd'hui, je ne pense qu'à servir la reine non à fonder une famille.

– Voilà qui n'est pas incompatible ! Tout Égyptien doit avoir une femme et des enfants.

– Je n'ai pas trouvé de Nubienne à mon goût.

– Tu as pourtant un jugement sûr...

Cette dernière parole faisait allusion à Nuweiba.

– Me reprocheras-tu toute ma vie d'avoir présenté cette princesse au roi ?

– Non. Combien de temps vas-tu rester à Thèbes ? Le chef des armées doit rester ici. Il ne peut se rendre en Nubie en ce moment. Es-tu absolument certain qu'on peut laisser la Nubie sans surveillance pendant quelques semaines ?

– Je pensais habiter ici jusqu'aux funérailles du roi. Mes frères m'ont accompagné. Mais ils repartiront dans cinq jours pour tout contrôler. Nous avons apporté de l'or et des vivres en cas de besoin.

– Tous les ouvriers ont été payés. Les Égyptiens étaient heureux avant la mort du roi.

– Sauf la reine...

– Que veux-tu dire, Houy ?

– Je pensais aux deux princesses qui sont mortes avant de naître...

– Je n'ai guère été épargnée.

Des domestiques apportaient de sublimes plateaux en argent couverts de pyramides de fruits multicolores. D'autres, en file, presque nus, vêtus d'un petit pagne blanc dépourvu de plis, présentaient des pâtisseries appétissantes tout juste sorties du four. Leur odeur donna faim à Houy qui n'avait pas pris le temps de se rassasier.

– Tu me gâtes, Ankhesenamon. Malgré ton chagrin et tes autres préoccupations, tu es toujours à l'écoute d'autrui. Il te plaît de faire le bien et de contenter tes invités.

– Mange et bois ce vin clair, l'encouragea la reine. Tu as eu la délicatesse de passer me voir dès ton arrivée pour prendre de mes nouvelles. Je comprends que tu aies faim et soif.

Elle donna des ordres précis pour que les mêmes douceurs fussent apportées aux frères d'Houy.

– Je les attends au banquet de ce soir.

– Un banquet ? intervint le scribe personnel de la reine qui venait d'entrer dans la salle pour que la souveraine lui dictât le courrier.

– Ah, scribe ! Je t'avais oublié !

Comme Houy se levait pour les laisser seuls, la reine lui demanda de se rasseoir.

– Je n'ai aucune lettre à te dicter aujourd'hui, dit-elle au scribe. Nous avons de la visite. Le vice-roi de Koush, ancien ami intime de Toutankhamon, vient d'arriver avec ses frères. J'ai prévu de l'honorer par un grand dîner.

Comme le scribe restait sans voix, la reine crut bon de se justifier.

– Le moment est peut-être mal choisi. Mais personne ne me reprochera d'organiser un dîner amélioré pour saluer la présence d'Houy à Thèbes. Je veux ce que voulait le roi. S'il me voit en cet instant, je sais qu'il m'approuve de tout son cœur.

Le scribe salua bas sa maîtresse

– Je n'aurai pas besoin de toi aujourd'hui. Transmets, cependant, mes ordres pour que les cuisiniers et les pâtissiers s'affairent. Je veux un repas sobre mais copieux et bon.

Elle se tourna de nouveau vers Houy et lui parla avec beaucoup de franchise.

– Je te remercie d'être venu aussi vite à Thèbes. Je suis très heureuse de te revoir car tu m'avais beaucoup émue lorsque nous nous étions quittés. J'avais parlé à mon époux de l'attachement que j'avais pour toi. Je crois même qu'il en était un peu jaloux...

– Voilà une belle revanche face à celui qui t'avait, pendant quelques nuits, délaissée pour une princesse nubienne !

– Il ne comprenait pas comment j'étais passée de la colère à l'amitié. Car je voulais te voir pour te faire des reproches. Au lieu de quoi, nous nous sommes parlé comme de vieux complices et tu m'as fait découvrir des aspects du roi que je ne connaissais pas. Quand Toutankhamon est entré dans mes appartements, il m'a aussitôt demandé des explications sur notre rencontre.

– Il pensait sans doute que notre entretien avait été houleux et que j'étais sorti la tête basse.

– Mais il a tout de suite décelé dans mes yeux

une lueur qui ne trompe pas et qui ne s'allume qu'en présence de mes amis, de ma famille et des gens qui me sont les plus chers.

– La surprise a dû être totale.

– Au point qu'il voulait immédiatement te convoquer et te parler. Mais j'ai trouvé une excuse pour qu'il n'en fît rien. En réalité, la situation des ouvriers qui n'avaient pas été payés et qui menaçaient de faire grève était trop préoccupante pour se laisser divertir par d'autres problèmes de moindre importance.

Houy avalait des petites pâtisseries en forme de dieu Hâpi, le dieu du Nil, et ne cessait de boire. La Crétoise avait cessé ses massages et lui avait dit langoureusement qu'elle irait le retrouver dans ses appartements le lendemain.

– Ne prends pas ce regard gournamd en songeant à la Crétoise, lui dit la reine.

– Qu'est-ce qui te fait penser que mes songes étaient pour elle ?

– Elle t'a endormi et hypnotisé, je le vois bien !

– Personne d'autre que Sa Majesté ne me séduit, répondit Houy.

– Avoue qu'elle sait trouver tes points faibles.

– Elle doit plaire à tous les hommes !

– Même aux Égyptiennes qui payent ses services très cher ! Voilà pourquoi elle ne livre ses secrets à personne.

– Par Horus, elle a raison ! Sinon elle perdrait

son pouvoir sur nous et d'autres femmes utiliseraient ses potions.

– Sache, cependant, qu'elle est mariée...

– Cela m'importe peu, répondit Houy.

– Son mari est riche.

– Peut-être moins qu'elle...

– Depuis que Moutenejmet lui donne des fortunes en échange de ses soins, elle le concurrence ! Il possède, toutefois, un domaine magnifique à Akhetaton.

– Est-il fonctionnaire ? Étranger ? Militaire ? Propriétaire terrien ?

– Il est très âgé. Il possède des biens de famille.

– La Crétoise pourrait le quitter depuis que ses produits sont en vogue au palais...

– Mais elle ne le souhaite pas car elle tient à lui. Il lui apporte confort, attention et protection.

– Tu parais très bien informée !

– Je le suis car Moutenejmet m'a tout raconté à son sujet. Quand j'ai découvert qu'elle était la sœur du nouveau médecin de Toutankhamon, j'ai voulu en savoir plus. Te rends-tu compte, Houy, qu'il croyait sa sœur morte dans un accident ? Il l'a retrouvée des années après ! Nous avons fêté l'événement.

– Cette Crétoise a non seulement de l'or dans les doigts mais elle est sans doute redoutable car les femmes qui connaissent si bien les plantes peuvent faire autant de bien que de mal. Ses plantes servent la beauté des femmes mais elles peuvent aussi empoisonner. Il faut toujours se méfier des sorcières.

– J'avoue y avoir pensé, Houy. Qui dit que je n'aurais pas un jour besoin d'elle ?

– Que veux-tu dire ?

– Si je suis menacée, si on tente de me tuer, si on s'attaque à ma fille, je suis capable du pire.

– As-tu entièrement confiance en cette femme arrivée depuis peu à Thèbes ?

– Oui, Houy, comme je le suis de Panéhésy que mon grand-père a accusé à tort pendant des mois. Moïse m'a également mis en garde. Je n'ai jamais su d'où venaient ces soupçons ridicules.

– Sais-tu, reine, qu'une simple feuille dans une boisson peut rendre malade ?

– Je connais assez bien le pouvoir des sorcières. Les Crétois ont la réputation d'utiliser les aromates et les plantes mieux que nous. Je ne vais tout de même pas tous les chasser d'Égypte ! Tu deviens plus soupconneux que moi.

– Je le reconnais, Ankhesenamon, car j'ai pour toi une admiration sans bornes. Tu es très jeune. Tu as vu mourir ton père et ta mère. Tu as donné une fille à ton propre père quand tu étais tout juste formée. Tu as supporté les douleurs de l'enfantement et les désagréments de la grossesse comme une femme mûre. Tu as failli perdre ta fille et tu l'as sauvée. Tu as vu mourir ton deuxième époux et ton troisième mari rejoint le domaine des Bienheureux.

– Houy, le taux de mortalité en Égypte est important. Avec l'épidémie de peste, il a battu tous les records. Quoi de plus normal ? Nous devons affronter notre destin même s'il est terrible. Les Égyptiens ont appris à tout assumer : la sécheresse, le travail des champs, les deuils, les guerres, les tentatives d'invasion. Les paysans deviennent des soldats du jour au lendemain si le pays est menacé.

La reine parut baisser sa garde.

– Houy, je te parle comme à un ami. Je vais devoir trouver rapidement un mari digne de régner et je n'ai aucune idée du choix que je dois faire. Je n'ai surtout aucune envie de trouver un successeur à Toutankhamon que j'aimais.

– Comment puis-je t'aider ?

– J'ai confiance en peu de monde. Toi qui connais la cour, pourrais-tu réfléchir à un candidat crédible ?

– Ce n'est guère à moi, simple serviteur, de donner mon avis. Celui d'Aÿ sera plus pertinent. Que t'a-t-il dit ?

Ankhesenamon n'osa lui rapporter les propos de son grand-père. Une sensation étrange s'empara d'elle.

– Je me sens mieux depuis que tu es arrivé.

Elle renvoya ses danseurs et ses chanteuses.

– Je ne veux pas qu'ils répètent mes paroles.

– Je vais te laisser, reine...

– Depuis quand un fonctionnaire met-il un terme à un entretien avec sa reine ?

– J'avais seulement l'impression que tu devais travailler, préparer les funérailles du roi...

– Tu as raison. Cet enterrement occupe mes journées.

– Je suis conscient du fait que tu ne pourras gouverner seule très longtemps.

– Je te confie une tâche confidentielle, Houy. Dresse-moi la liste des Égyptiens qui te paraissent fidèles, courageux et dignes de devenir rois. Nous en parlerons ensemble.

– Je te redis, reine, que je suis très mal placé pour cela...

– Je trouve, au contraire, que tu seras excellent dans ce travail et que tu me donneras des idées !

– J'éprouve trop de sentiments pour Sa Majesté. Je ne serais pas objectif.

– Eh bien ! Ne le sois pas !

– Dans ce cas, il faudrait que je te propose ma candidature et je ne le souhaite pas.

– Mets ton nom sur la liste, Houy. Ce ne sera pas incongru.

– Je pense que ce serait déplacé.

– Réfléchis bien. Je ne te ferai pas deux fois cette proposition. Sache seulement que, si tu refuses, tu me blesseras et que je ne te le pardonnerai pas.

XII

La reine ne comptait pas laisser Houy la quitter ainsi sans avoir la certitude qu'il penserait très sérieusement à sa proposition. Mais elle ne voulait pas lui montrer combien elle espérait qu'il songeât à la perspective de devenir roi. Elle n'imaginait pas qu'un haut fonctionnaire pût même décliner l'offre de la reine d'Égypte. Les tergiversations d'Houy l'agaçaient. N'avait-elle pas été suffisamment claire ?

Tout en observant attentivement Houy qui était manifestement gêné par cette insistance, Ankhesenamon réfléchissait à ses propos. « Je n'ai pas été assez claire, se dit-elle. Mais comment parler librement dans cette pièce où tout le monde peut m'entendre et rapporter mes paroles ? »

Elle se leva, exigea qu'on la laissât seule et jura de punir quiconque ne respecterait pas ses ordres.

– Te respecte-t-on moins depuis le départ du roi ? demanda Houy.

– J'en ai l'impression. Voilà pourquoi, je dois songer à remplacer mon cher Toutankhamon même si ce n'est pas de gaieté de cœur !

– Je te promets de réfléchir à ce problème. Il est capital. Si tu te trompes, l'Égypte sera en danger.

– J'ai conscience de mon devoir.

La reine se leva et se servit une coupe de vin bien qu'elle ait refusé tout alcool depuis la mort de Toutankhamon. Elle ne savait comment aborder de nouveau le sujet qui la préoccupait.

– Quand penses-tu me donner une réponse et me présenter une liste ? demanda-t-elle un peu abruptement.

Houy fut presque peiné de cette agressivité qui ne lui ressemblait pas.

– Si j'y travaille dès maintenant, j'aurai terminé dans la nuit. Je suis prêt à veiller tard pour la reine.

– Je ne t'en demande pas tant. J'aurais préféré que tu observes la cour et ses membres avant de t'exprimer. Tu viens trop peu souvent à Thèbes pour tous les connaître.

– Comme la reine voudra...

Ankhesenamon but une nouvelle fois et tripota ses cheveux. Elle se mit à la fenêtre, fit quelques reproches aux jardiniers qui ne pouvaient l'entendre, appela son échanson et le congédia aussi vite.

– Je veux t'aider, ma reine, répéta Houy. Je te sens bouleversée.

– Je ne sais plus ce que je dois faire. J'ai une idée bien arrêtée mais je doute qu'elle...

– Parle-moi, Majesté.

– J'hésite encore. Tu ne sembles décidément pas vouloir l'entendre. Tu ne m'écoutais pas tout à l'heure ou tu ne comprenais pas le sens de mes paroles. J'étais pourtant assez claire...

– Je te répondrai honnêtement et sans détours si tu me dis ce que tu veux. Tes désirs sont des ordres et je m'y plierai même si je dois y laisser ma vie. Celle-ci t'est acquise pour l'éternité.

– Je ne veux te contraindre à rien. J'aimerais seulement que tu sois d'accord avec moi. Mais j'en doute... Peut-être as-tu tes raisons. Je ne t'imposerai rien.

– Asseyons-nous et soyons calmes. Je vais t'écouter très attentivement. Nous allons veiller à ce que personne ne nous entende. Ensuite, je te répondrai pour ton bien et celui de l'Égypte. Le mien importe peu, je te le jure.

– Tu me rassures.

Quelques silences éloquents se succédèrent puis la reine finit par aborder le sujet qui la taraudait.

– Tu ferais, dit-elle à Houy, un roi excellent. Tu es fidèle. Tu connais les rouages de la politique.

Houy se jeta aux pieds de la reine.

– Quel honneur de me parler ainsi, dit-il. Je n'ai pas de sang royal. Aménophis III a eu des fils avec des femmes secondaires. À défaut d'enfant de Toutankhamon, la descendance est assurée.

– Me verrais-tu épouser le fils ou le petit-fils d'une épouse secondaire ?

– Ce n'est pas impossible.

– À mes yeux, c'est inconcevable. J'ai beau réfléchir à la situation, je ne trouve pas de solution. L'annonce de ton arrivée m'a éclairée.

– Je vais établir une liste puisque tu me l'as demandé. Mais je crois que le jugement de la reine est faussé par la douleur. Aucun prêtre, aucun haut fonctionnaire ne me permettra de devenir pharaon. Je connais mes collègues. Ils seraient terriblement jaloux et feraient capoter le projet. Quant aux prêtres, ils se ligueront contre moi. À trop vouloir de titres, Senmout, le grand conseiller d'Hatchepsout, s'est brûlé les ailes. Je préfère garder ma position. Tout le monde me respecte ainsi. Je risquerais de tout perdre.

– Je te protégerai.

Houy eut un sourire éloquent.

– Je ne doute pas de ton soutien. Non seulement, je risquerais de perdre ma position, mais tu pourrais bien y laisser ta vie.

– Que veux-tu dire ?

– Que les prétendants vont tous essayer de se marier avec toi. Tu n'en choisiras qu'un. Prends garde que ce soit le bon. Sinon les autres se ligueront contre toi pour te faire disparaître et imposer leur choix.

– Personne n'osera comploter contre la reine.

– Le cas s'est, hélas, déjà présenté.

– Je n'épouserai pas un homme que je n'aurai pas choisi.

– La situation est très délicate. Le roi a peut-être été tué. Tu es certainement menacée. Fais attention à ta famille.

– En me parlant ainsi, tu me fais très peur.

– Tel n'est pas mon objectif. As-tu pensé en premier lieu à contrôler tes médecins ?

– Aÿ n'a confiance qu'en notre jeune docteur, ce Crétois très doué dont je t'ai parlé. Il a soigné Toutankhamon et l'a soulagé jusqu'à la fin. Ce jeune médecin a vécu une histoire étonnante comme je te le disais.

– En réalité, tu y as fait allusion mais il me plairait d'en savoir davantage. Tu as aiguisé ma curiosité.

– Tous ses compatriotes ont péri dans un naufrage en faisant le voyage de Crète en Égypte. Il a été le seul rescapé. Sa famille le croyait mort. Or, Moutenejmet a trouvé à Akhetaton une maquilleuse et une masseuse surprenante qui connaît tous les secrets des plantes...

– Notre fameuse masseuse...

– Comme elle refuse de livrer ses formules, Moutenejmet fut obligée d'envoyer là-bas un messager pendant des mois pour en rapporter des onguents spéciaux.

– Pourquoi n'a-t-elle pas insisté pour la prendre à son service ?

– Je te l'ai dit : cette femme veut absolument vivre à Akhetaton avec son vieil époux.

– C'est bien la seule, même s'ils ont un magnifique domaine !

– Le frère et la sœur ont hérité de leur père une connaissance incroyable des plantes. Je le dis encore au risque de me répéter car nous en sommes tous très étonnés. Cette jeune femme croyait son frère mort. Moutenejmet lui a adressé un message pour lui annoncer qu'il exerçait à Thèbes en espérant la décider à venir ici quand le roi est tombé malade.

– Cette histoire est effectivement insolite. Je me demande pourquoi le roi et Aÿ ont choisi ce médecin.

– Il fait partie de la famille de Kallisthès.

– Ce nom ne m'est pas inconnu.

– Il a autrefois sauvé le pharaon Thoutmosis d'un complot.

– Le favori de la reine Ahmose...

– En effet.

La reine rougit car elle venait de se rendre compte qu'elle se trouvait dans une situation très semblable.

– J'ai cru comprendre que Kallisthès et Ahmose étaient effectivement très proches. C'était un bon conseiller et un excellent thérapeute. Vois-tu, reine, nous avons de nombreux exemples dans notre histoire récente. Tous les conseillers trop proches de leur reine ont été critiqués et haïs. Kallisthès, Senmout... tous deux ont dû se battre à la cour. Je ne veux pas me retrouver dans leur situation.

– Ils aimaient peut-être leur reine...

– On l'a dit.

– L'amour entraîne souvent des actes fous.

Houy jugea bon de ne pas répondre. Il était tellement embarrassé qu'il oubliait qu'Ankhesenamon était la reine du pays. Il craignait surtout qu'un serviteur ne les entendît et ne répandît une fausse rumeur en mettant la vie de la reine en danger. Il trouvait Ankhesenamon trop désinvolte. Tant de princes avaient été tués en périodes de crises ou de succession. Les mauvais pressentiments le hantaient. Il avait l'impression que la place du roi était un cadeau empoisonné et qu'une suite de malheurs allait arriver.

Il avait également l'impression qu'Ankhesenamon ne lui révélait pas tout et qu'un incident avait modifié ses plans. « Pourquoi pense-t-elle déjà au mariage ? Qui la presse ainsi ? Aÿ craint-il que le trône d'Égypte ne soit pris par un usurpateur ? La reine ne m'a-t-elle pas tout dit ? Elle paraissait gênée et contrariée ! Je l'ai vue plusieurs fois s'interrompre quand elle évoquait son grand-père. Elle esquivait les réponses. Son regard s'assombrissait. Elle avait peur que je devine quelque chose. »

– Tu es bien silencieux, lui fit remarquer Ankhesenamon qui captait chacune de ses réactions. Que me caches-tu ?

– En réalité, reine, j'ai plutôt l'impression que c'est toi qui ne me dis pas tout.

– Prenons notre temps pour mieux nous connaître. Je te fais entièrement confiance. Mais certains aspects de ton caractère m'échappent. Quand nous aurons travaillé ensemble plusieurs fois et que nous aurons encore parlé, nous serons entièrement complices.

– Je l'espère sincèrement.

– Tu ne veux donc pas me dire ce qui te préoccupe ?

Elle appela trois de ses servantes.

– La reine est tenace... répondit Houy en se laissant nettoyer les doigts avec de l'eau citronnée.

– Comme toutes les femmes (elle se tourna vers la suivante). Change le cône du vice-roi. Il coule trop lentement et il a déjà beaucoup fondu.

Les musiciens étaient revenus et s'activaient autour d'Houy en chantant pour lui des airs doux et mélodieux.

– La façon dont ces artistes savent se faire oublier m'a toujours fasciné, dit Houy.

– Il s'agit de très vieilles chansons d'amour que j'ai moi-même apprises de mes professeurs.

– Je les connais également, dit le vice-roi, troublé.

Il se demanda si la reine cherchait à lui envoyer des messages. Mais ces airs étaient trop populaires et trop célèbres pour qu'il en tirât de telles conclusions. Il soupira malgré lui.

– Je dois, hélas, prendre congé de Sa Majesté.

– Je suis très égoïste en te gardant ainsi près de moi... Tu dois avoir hâte de te rafraîchir tranquillement.

– Il me faut impérativement saluer le divin Père Aÿ avant de penser au repos.

– Il peut attendre.

– Non, reine. Le divin Père n'attend pas. Il sait que je suis arrivé et il s'interroge déjà sur mon retard.

Houy se leva pour prendre congé d'Ankhesenamon et rencontrer le divin Père à qui il devait donner son rapport.

– Aÿ s'occupe de tout depuis la mort de Toutankhamon.

– La situation ne changera guère.

– Le roi souhaitait pourtant tout reprendre en main et diriger le pays comme n'importe quel pharaon.

– Il en avait l'envergure et les capacités. Où puis-je trouver le divin Père ?

– Il n'est jamais au palais. Il arpente la Vaste prairie... Il surveille les travaux de la tombe de Toutankhamon.

Mais elle se rattrapa.

– En fait, je crois qu'il est dans la salle des archives. Il y reçoit les sculpteurs.

– Il doit approuver leurs esquisses et leurs plans. La tombe de Toutankhamon doit être prête dans soixante jours.

– Ne crois pas cela. En réalité, Aÿ est plus attaché aux représentations qu'on va faire de lui dans la tombe du roi qu'à celles de Toutankhamon lui-même.

– Je ne comprends pas...

– Aÿ a décidé de se faire reproduire plusieurs fois dans la tombe royale qui est pourtant de petites dimensions. Toutankhamon sera enterré dans une petite sépulture de fonctionnaires aménagée non loin de la tombe du pharaon Aménophis II.

– Voilà qui n'était pas prévu.

– En effet. Sa tombe devait être à l'ouest. Mais le temps presse.

– Reine bien-aimée, que cherches-tu à me dire ?

– Je suis déçue que Toutankhamon n'ait pas la sépulture qu'il avait choisie et qui devait être celle d'Akhenaton. Aÿ l'a gardée pour lui-même. Il se préoccupe plus de sa propre tombe et des scènes qui vont orner la tombe du roi en sa compagnie que du mobilier funéraire.

– Je ne t'ai jamais entendu critiquer le divin Père.

– Je l'aime beaucoup. J'ai été étonnée de ses dernières décisions. Accaparer les murs de la tombe de Toutankhamon pour s'y faire représenter d'une façon avantageuse, se montrer en Grand prêtre rendant les derniers hommages au roi, choisir d'office sa nouvelle tombe alors qu'il n'est pas roi, tout cela m'a perturbée.

– Y a-t-il autre chose ?

La reine baissa les yeux.

– Oui. Mon grand-père veut réaliser lui-même le rite de l'ouverture de la bouche pendant les funérailles.

– Ce qui est rare.

– Inhabituel.

– Une preuve qu'Aÿ aimait tendrement le roi.

– Peut-être... Je ne sais que penser. Mon grand-père est étrange depuis la disparition de mon époux.

– Il doit faire face à tant de responsabilités !

– Je te l'accorde et il ne me demande rien. J'aimerais parfois être consultée.

– Tu es la reine. Tu as le droit d'imposer tes volontés.

– Je me le demande. J'ai l'impression de ne plus avoir aucun droit.

– Aÿ cherche à te protéger. Je le connais.

– Je sens autour de moi une drôle d'atmosphère. On assassine. On complote. On parle bas. On ne me dit pas tout. J'ai peur, Houy. Voilà pourquoi je veux rétablir l'ordre le plus tôt possible. Je n'ai pas le droit de pleurer Toutankhamon. Une reine n'a pas le temps de s'affliger.

– Voilà exactement ce que je voulais te faire comprendre, reine. Je dois maintenant parler à Aÿ même s'il est en compagnie des sculpteurs.

– Il ne s'interrompra pas pour te recevoir. Chaque esquisse doit avoir sa signature pour être réalisée et les artistes se heurtent à un modèle exigeant.

– Notre divin Père serait-il devenu mégalomane ?

– Tu l'injuries, Houy. Va constater par toi-même. Demande à lui parler et fais-toi conduire à l'entrée de la future tombe de Toutankhamon.

– Sans autorisations ?

– Je vais t'en donner une rédigée de la main de mon scribe. Tu devras seulement t'engager à ne pas révéler l'endroit à un étranger.

– Sois remerciée pour ta confiance.

Houy s'inclina.

– Je resterai à Thèbes tant que tu auras besoin de moi, reine. Je te le promets.

Vingt et unième partie

XIII

L'embaumeur officiel du palais ne dormait plus que trois heures par nuit. Excité par l'importance de sa tâche, il tenait à la faire le plus consciencieusement possible. Mais il craignait, comme toujours, de ne pas avoir suffisamment de temps devant lui pour la réaliser au mieux. Le vieil employé des rois appréciait tant Toutankhamon qu'il avait éprouvé à sa mort un chagrin inhabituel.

– Nous avons été pris de court, expliquait-il à ses fils qu'il formait. Il nous manquera encore des onguents et des aromates.

– Si nous utilisons la méthode employée pour l'embaumement d'Akhenaton, ils seront suffisants.

– J'ai gardé la formule employée pour Akhenaton. Mais je ne sais ce que souhaitait Toutankhamon.

– N'avait-il pas lui-même adopté cette nouvelle forme d'embaumement ?

– Il faut questionner la reine à ce sujet. Va la trouver de ma part avec ce message. Dis-lui bien que nous sommes pressés. Si elle accepte de faire embaumer son époux comme son père, nous nous contenterons d'un délai plus court. Ce serait, en effet, une solution.

Heureux d'avoir pu rassurer son père, le jeune fils de l'embaumeur se rendit chez la reine le jour même.

En attendant, son père avança le travail en compagnie de son aîné. Dès qu'il passait à une nouvelle étape, il accomplissait un rite.

– Il faut dessécher au plus vite le corps de Pharaon, expliqua-t-il à son fils. Sinon celui-ci va se détruire rapidement. Nous aurions dû le faire immédiatement. Ce corps n'est qu'à moitié sec. Il risque de pourrir. Aide-moi à placer le roi sur cette table et incline-la légèrement.

L'adolescent s'exécuta.

– Penche un peu plus la table. Je vais faire couler dans ces récipients les liquides qui entourent les viscères du pharaon. Nous allons commencer par le cerveau.

L'embaumeur s'empara d'un fil en métal qu'il entra dans le nez du roi. Celui-ci passa dans les fosses nasales et atteignit un os avant de toucher le début de sa boîte crânienne. L'Égyptien se mit alors à tourner énergiquement le fil dans le crâne du roi.

– Je dois réduire le cerveau et le rendre liquide pour qu'il puisse s'écouler par les narines.

– J'aimerais essayer.

L'embaumeur lui laissa prendre le fil et le dirigea.

– Tourne plus vite et plus énergiquement.

Tous deux accomplirent soigneusement leur besogne.

– Et maintenant, nous allons mettre le roi sur le ventre. Place auparavant ce pot à la hauteur de son cerveau. Je souhaite garder tous les organes du pharaon pour qu'il puisse vivre correctement dans l'Autre Monde. Le cerveau n'est pas l'essentiel. Il faut aussi préserver le foie, le cœur, la rate.

Quand ils eurent terminé cette première opération, le vieil Égyptien accomplit un rite.

– Nous pouvons enlever les organes. Aide-moi à remettre le roi sur le dos. Je vais ouvrir le ventre à cet endroit.

Il s'empara d'une pince et de ciseaux.

– Tu vas toi-même faire l'incision, dit-il à son fils.

– Ce sera un grand honneur. J'ai peur de ne pas la faire assez franche...

– Je vais la dessiner. Il te suffira de suivre la marque.

Sans état d'âme, le jeune embaumeur fit très attentivement son travail. Il découpa à gauche le ventre du roi pour en retirer son foie, son estomac, son intestin et ses reins. Son père les plaça dans des assiettes exposées à l'air.

– Ces organes ne doivent jamais être rangés dans leurs petits cercueils ou dans les vases canopes encore humides. Ce serait une catastrophe. Ils seraient détruits et Pharaon ne pourrait plus revivre. Ne touchons pas au cœur.

Ce travail les occupa jusqu'au retour du jeune Égyptien qui lut à son père la réponse de la reine.

– Elle te fait confiance, père. Elle te demande de choisir la méthode la plus efficace et celle que tu préfères. Elle a approuvé les choix de Toutankhamon et l'intérêt de Semenkharê pour les nouvelles formules d'embaumement.

– Nous avons bien avancé, constata l'embaumeur en s'épongeant le front. Grâce à vous deux, je vais pouvoir aller me reposer un peu. Sortez le natron.

Les trois hommes entourèrent le corps de cette substance salée.

– Dans trente-quatre ou trente-cinq jours, le corps sera entièrement sec. Voilà un excellent travail. Nous allons avoir une momie magnifique.

Le roi avait perdu une quarantaine de kilos. Il semblait léger comme une plume. L'embaumeur n'avait aucun mal à le manipuler.

– Rangeons tous ces instruments après les avoir nettoyés. Les masques d'Anubis sont prêts. Chacun de nous pourra les placer sur son visage, avant de mettre en place les bandelettes. Nous dirons ensemble les formules qui accéléreront la résurrection du roi. Ce rite permettra aussi de garder la momie intacte pour l'éternité.

– Il ne reste plus aux bijoutiers qu'à nous donner les amulettes qui seront placées entre le corps et les bandelettes pour donner au roi l'immortalité.

– Je vais leur envoyer un message car ils m'ont parlé de plus de cent cinquante bijoux. J'espère que la plupart sont déjà fabriqués.

L'embaumeur bâilla et alla s'étendre. Il était éreinté. Des cernes entouraient ses yeux.

– Ne t'inquiète pas, père, lui dirent ses deux fils. Nous allons terminer le travail et porter le message comme nous l'avons fait pour la reine.

– J'ai confiance en vous. Vous m'avez beaucoup aidé. Nous avons fait en une journée ce que je réalise tout seul en trois jours. Comme j'avais pris du retard et que le corps doit être parfaitement sec avant d'être entouré de bandelettes, j'ai retrouvé ma sérénité. J'ai besoin de dormir... Veillez sur le pharaon. Il faudra ensuite faire un rapport au divin Père Aÿ.

– Pour lui expliquer notre travail ?

– Non. Il m'a demandé de le prévenir si nous détections quelque chose d'inhabituel en faisant les préparatifs...

– Et alors ?

– Je n'ai rien vu de spécial en dehors de cet hématome dans la nuque. Les viscères n'avaient aucune tache suspecte. Le liquide cervical s'est écoulé normalement.

– Il n'est donc pas urgent de parler au divin Père.

– Non. Le rapport attendra mon réveil. Je pourrai ainsi observer si les organes sèchent correctement.

*
**

Non loin de là, les orfèvres et les bijoutiers étaient tout aussi actifs et inquiets que l'embaumeur. On leur avait commandé un nombre de pièces impressionnant. Ils travaillaient également sur les gravures et les ornements des chapelles, sur le masque funéraire et les sarcophages. Avec Maïa, la reine avait décidé de choisir les vêtements du roi, les bijoux et les meubles. Elle avait commandé plus de quatre cents ouchebti de serviteurs en bois et en pierre représentant Toutankhamon afin que ces statuettes symbolisant ses serviteurs lui rendissent la vie la plus agréable possible dans l'Au-Delà.

– Comment réussirons-nous à peindre et à sculpter quatre cent quinze ouchebti ? Toutankhamon a besoin d'un artisan pour chaque jour et de chefs d'équipe.

– Il faudra travailler nuit et jour.

Dans les ateliers et les boutiques, l'agitation était à son comble. De Memphis, le trésorier Maya avait donné son accord pour sortir le maximum de biens. Lui-même avait commandé au joaillier du palais une statuette en bois du roi Toutankhamon étendu sur une couche et tenant dans ses mains les attributs du pouvoir.

– Chaque jour, les hauts fonctionnaires nous apportent un travail supplémentaire. Je viens de recevoir le texte que Maya souhaite voir inscrit sur la statue.

– Où va-t-on le mettre ? Sur le socle ?

– Non. Il n'y aura pas de socle. Sur le côté... Je te charge de ce travail.

Le joaillier pouvait compter sur ses dix ouvriers.

– « Fait sur ordre d'un fidèle serviteur obéissant et bienveillant, heureux de servir son souverain pour le réjouir. » Le texte est long...

– Écourte-le sans modifier le sens des phrases.

Le joaillier distribua le travail à chacun.

– Quarante ouchebti en deux mois. Cela me paraît possible...

Les ouvriers secouèrent la tête pour l'approuver car ils étaient habitués à travailler vite et bien.

– Si l'un d'entre vous ne tombe pas malade, nous serons dans les délais. En revanche, j'ai appris qu'il sera impossible de créer des vases canopes pour Toutankhamon. L'embaumeur ne les aura pas à temps. Nous n'aurons donc pas à en sculpter les bouchons. Aÿ a décidé d'utiliser ceux de Semenkharê. Il en sera de même pour les petits sarcophages où seront placés les autres organes de Toutankhamon.

– Devrons-nous inscrire un nouveau texte à l'intérieur ?

– Sans doute. Il faudra mettre le cartouche de Toutankhamon et des extraits du *Livre des morts.*

– Les artisans d'Akhetaton avaient probablement écrit des prières tirées du *Livre des morts.*

– Je vais demander à Thoutmès. Sur les deux cents incantations qui existent, je ne sais celles qu'il avait choisies. Elles peuvent convenir à Toutankhamon. Auquel cas, nous n'aurions qu'à modifier le cartouche. Ce sera très rapide.

– Tu as raison. Inutile de changer les hymnes. Cela limitera notre travail. Je veux juste savoir quand ces vases seront rapportés d'Akhetaton afin de ne pas les avoir la veille des funérailles.

– Le père Aÿ espérait nous voir créer de nouvelles œuvres pour Toutankhamon. Cette proposition n'était qu'une solution de dernière minute.

– Conseillons-lui de l'adopter tout de suite même si le pharaon Semenkharê est lésé dans cette affaire. Nous avons soixante jours.

Pendant ces préparatifs, Aÿ avait décidé de tarauder sa petite-fille en espérant la faire céder. Il ne cessait de lui rappeler que l'ancienne nourrice de Néfertiti accepterait de lui céder la place.

– Elle s'effacera devant la reine, lui disait-il.

Non seulement Ankhesenamon n'en était pas

convaincue mais elle ne voulait pas la contrarier en lui en parlant.

Comme l'aménagement de la tombe de Toutankhamon avançait et que les funérailles approchaient, Aÿ avait depuis longtemps donné aux peintres son accord pour les représentations du roi, de son *ka*, de Nout et de lui-même dans le sanctuaire de Toutankhamon. Magnifique en prêtre vêtu d'une peau de fauve, pratiquant l'ouverture de la bouche devant le roi en Osiris, il était avec Toutankhamon le personnage principal des murs de la tombe. Seule Nout face à Toutankhamon pouvait rivaliser avec lui.

Les objets précieux et le mobilier devaient être placés dans l'antichambre, dans une salle annexe, dans la chambre funéraire et dans une quatrième pièce communiquant avec la chambre.

N'ayant aucune limite, Aÿ s'était accordé de nouveaux titres avant même d'en avoir demandé l'autorisation à la reine. Il se faisait appeler « Père divin » (c'était son titre préféré), « Flabellifère auprès du roi », « Surintendant de l'écurie royale », « Scribe royal », mais aussi « Serviteur prisé de la reine », « Flabellifère à la droite de la reine », « Assistant tuteur du défunt roi ».

Ankhesenamon qui se confiait volontiers à Tii qu'elle considérait comme un personnage important de l'État et qui avait obtenu la confiance de sa mère Néfertiti, hésita plusieurs fois à révéler à la nourrice la proposition d'Aÿ. « Comment réagirait-elle ? Comme une femme éclipsée qui se retire par devoir ou comme une épouse jalouse qui défend son bien ? Pourquoi provoquerais-je son ire alors qu'elle était aimée de ma mère ? Les hommes sont décidément sans pitié ! Tii me haïra-t-elle si je me confie à elle ? Me rejettera-t-elle après m'avoir appréciée ? Tii est digne de l'or. Son poids est considérable à la cour. Pourquoi faut-il qu'Aÿ me mette dans une telle situation ? »

XIV

Après avoir pensé à ses images, Aÿ songea aussi aux textes qui figureraient dans sa tombe ou dans celle de Toutankhamon. Il s'enferma pendant plusieurs jours avec ses scribes pour les mettre au point. La plupart évoquaient le respect que son maître avait pour lui et son travail, sa générosité et celle de son souverain qui récompensait ses services.

– « Il me fit tant d'honneurs et tant de dons, dictait-il, pour mon entier dévouement ! Le désert possède moins de grains de sable que je n'ai reçu de récompenses. J'étais et je suis le premier fonctionnaire et serviteur de l'État. Personne ne me dépasse. Je suis resté à mon poste parce que le roi avait absolument besoin de moi. J'étais indispensable. Qui peut en dire autant ? J'ai servi plusieurs rois en écoutant attentivement leurs ordres et leurs leçons... »

Aÿ s'arrêtait souvent jugeant les textes trop flatteurs pour les rois défunts.

– J'ai tout dirigé mais je ne dois pas l'écrire. Il faut que je m'efface derrière les souverains. Je ne dois pas soulever la colère des prêtres et du peuple qui ne comprendraient pas. Espérons seulement que les dieux me donneront un jour la vraie place qui m'est due plus qu'à tout autre.

Les scribes attendaient sans intervenir. Aÿ ne leur laissait pas le droit d'approuver ses formules. Aucun d'eux n'osait parlementer. Aucun n'avait la prétention de se mesurer à Aÿ. Le divin Père avait tous les pouvoirs au palais. La reine n'était que l'ombre de son grand-père. Aÿ avait même décidé de prendre la place de Toutankhamon pour réunir les Thébains et les prêtres afin de célébrer la fin des travaux de la salle hypostyle du temple de Louxor que Toutankhamon avait ordonnés sur ses conseils. Même si le roi défunt avait déjà fait une fête mémorable, Aÿ jugea nécessaire d'en prévoir une seconde puisque les peintres avaient donné le dernier coup de pinceau sur les murs de la salle créée par Aménophis III.

La reine fut très choquée par la représentation d'Aÿ face à Toutankhamon que les dessinateurs lui montraient. Comme Houy découvrait en même temps qu'elle le Père divin face au pharaon, tous deux s'indignèrent de l'audace d'Aÿ qui avait pris sur les murs la place d'une divinité.

– Tu as raison, reine bien-aimée, lui dit Houy.

Tout cela est très étonnant. Je ne comprends pas pourquoi le divin Père se met autant en avant.

– Le crois-tu capable de devenir roi ?

Houy sourit comme si Ankhesenamon plaisantait.

– Aÿ est âgé ! C'est impossible !

– Imaginons tout de même que le divin Père soit roi.

– S'il était plus jeune, il serait très compétent. Je m'inquiéterais, cependant, de sa mégalomanie et de son ambition galopantes. Excuse mon impertinence, ma reine. Je ne devrais pas parler ainsi de ton auguste grand-père ?

– Je suis de ton avis, Houy. Aÿ devrait également prendre une femme.

– Il en a une !

– Mais il lui faudrait une reine jeune qui lui donne des enfants. Tïi est trop âgée.

– Où veux-tu en venir, reine ? Aÿ ne sera jamais pharaon. Pourquoi envisager toutes ces hypothèses ?

– Parce que le divin Père m'a affirmé qu'il était prêt à diriger l'Égypte.

– Je ne peux y croire !

– Il se sent prêt. Il affirme qu'il fera ainsi la liaison entre le règne de Toutankhamon et le prochain.

– Il servira de régent. Je le vois davantage à ce poste. Mais l'Égypte n'en a pas besoin puisque tu es là. Tu vas choisir un nouvel époux et cette place sera prise.

Plus le jour des funérailles approchait, plus Ankhesenamon se sentait accablée. Elle avait cru trouver en la personne d'Houy le roi idéal. Mais elle se rendait compte qu'elle mettait le fonctionnaire dans une situation délicate et que le succès de leur couple était loin d'être acquis. Elle avait tenté d'en parler aux Grands prêtres d'Amon mais aucun n'était prêt à accepter un haut fonctionnaire comme roi. Aÿ avait cet avantage d'être un Grand prêtre.

La reine avait demandé à son scribe de lui dresser la liste de tous les princes étrangers en âge de se marier. La tâche était d'autant plus difficile qu'il était parfois impossible de connaître le nombre d'enfants de chaque roi. Ankhesenamon n'avait fait aucune différence entre les rois alliés de l'Égypte et ses ennemis.

Après avoir consulté ces noms en secret, elle avait hésité entre un prince hittite et un prince asiatique. Deux jours avant les funérailles de Toutankhamon, elle décida d'écrire elle-même une lettre au roi du Hatti. Elle maîtrisait suffisamment la langue de son ennemi qui était apprise par tous les princes égyptiens pour se faire comprendre facilement. Elle ne souhaitait surtout aucun témoin de sa requête. « S'il l'apprend, Aÿ serait capable de me supprimer ! En choisissant le fils du roi hittite, je me dévoue pour l'Égypte car je crée ainsi des liens solides entre notre pays et le Hatti. Nous serons désormais tranquilles en Asie. J'ai là un excellent argument pour échapper au mariage que me propose Aÿ. Si je le choisis à sa place sans autre argument, il n'acceptera jamais ma décision. »

En agissant ainsi, la reine faisait un immense sacrifice car elle était très attirée par le vice-roi de Koush. Elle attendit que tout le monde fût couché pour mettre son plan à exécution. Elle rédigea plusieurs brouillons avant d'arriver à la version définitive.

« Mon époux vient de mourir sans m'avoir donné de fils, écrivit-elle. Or, j'ai appris que tu avais de nombreux héritiers. Je te le promets : si tu m'envoies un seul de tes fils, je l'épouserai et il deviendra pharaon. Je ne veux en aucun cas épouser l'un de mes serviteurs. j'ai trop peur... »

– Le roi du Hatti prendra-t-il ma lettre au sérieux ? Acceptera-t-il de m'envoyer un prince ?

Elle ajouta :

« Je ne puis tout t'écrire longuement. Sache que tu me sauverais la vie en m'envoyant un prince courageux, formé à toutes les disciplines, robuste, parlant l'égyptien comme moi. Je suis mal entourée en ce moment. Les reines sont fragiles dans de tels instants. En me livrant ainsi à toi, je prends un risque. J'ai, cependant, décidé de te faire confiance car je redoute plus encore la cour égyptienne. Ta réponse doit me parvenir le plus rapidement possible dans le plus grand des secrets... »

La reine s'interrompit de nouveau.

– Ce message est trop long. Je m'y livre sans retenue.

Elle supprima aussitôt ce qu'elle venait d'ajouter tout en étant consciente qu'elle devait trouver les mots justes pour décider le Hittite.

– Si je suis trop vague, il jettera cette lettre. Si je ne lui donne aucun détail, il se méfiera. Si je me montre arrogante, il se moquera de moi. Si je le supplie, il m'écrasera et enverra des troupes en Égypte.

Elle regrettait le manque de conseils. À deux reprises, elle faillit se confier à Houy mais elle y renonça.

– Je dois seule affronter cette situation. Personne ne doit connaître mes intentions.

Elle se leva, réfléchit, se rafraîchit, prit le temps d'agir intelligemment.

– Le roi hittite redoute Horemheb. Je dois rappeler le nom du chef des armées d'une manière quelconque. Le Hatti doit savoir qu'il est toujours en vie et qu'il est capable de prendre du jour au lendemain la tête des soldats. Le roi des Hittites connaît aussi Aÿ de réputation. Peut-être le croit-il malade ou mort. Là encore, je dois lui faire comprendre que je suis bien entourée.

La reine était découragée.

– Tout cela est contradictoire. Pourquoi irais-je réclamer l'aide du roi hittite si j'étais parfaitement soutenue ?

Elle opta finalement pour le message le plus simple possible.

– À trop vouloir en dire, on se perd. Le roi hittite comprendra ce qu'il voudra. Il devra deviner entre les lignes. J'espère qu'il me fera confiance et qu'il ne croira pas à un stratagème. Il doit être sûr que c'est la reine en personne qui lui écrit. Je vais utiliser un sceau du roi et glisser dans le message un objet de valeur qui m'est familier... Cette bague dont le chaton représente Toutankhamon et moi-même enlacés.

Mais elle tourna plusieurs fois l'objet dans sa main en refusant finalement de s'en séparer.

– Allons ! Laissons le texte en l'état et prions les dieux pour qu'un prince, beau, riche et solide, arrive jusqu'ici !

Elle écrivit même les noms du roi et de la reine en hittite et signa « Ta hemet nesout », « La femme du roi ». Elle hésitait encore avant de sécher l'encre et d'enrouler le papyrus.

– Dois-je lui rappeler que l'Égypte a retrouvé sa prospérité grâce au chef des armées ? Ce paragraphe me paraît inutile et prétentieux. Je vais, cependant, lui avouer que la récente bataille des Hittites à Amqa a provoqué ma peur. Ce nouveau roi pourra nommer les hommes de son choix à la tête du gouvernement. Si besoin est, le roi du Hatti enverra son armée à mon secours. Je dois juste trouver un messager de confiance. Lui seul connaîtra ma démarche.

Dans sa grande naïveté, Ankhesenamon n'imaginait pas qu'elle venait peut-être de signer son arrêt de mort. Elle croyait, au contraire, être définitivement sauvée. Quand elle enroula le papyrus, elle hésita longtemps avant d'appeler son messager non pour le risque qu'elle courait mais parce qu'elle devait renoncer à Houy.

– J'aimerais tellement trouver un mari comme Houy qui me paraît le plus digne successeur de Toutankhamon. C'était son ami le plus proche, un véritable complice depuis l'enfance, celui qui honorerait le mieux sa mémoire, qui lui rendrait le plus fidèlement hommage. J'aurais voulu qu'il décidât des dessins de sa tombe. Au lieu de quoi, Aÿ ne m'a même pas consultée. Est-il normal qu'aucun des amis d'Houy ne figure dans son sanctuaire ? Aÿ ne m'a même pas donné de réponse claire en ce qui me concerne. Toutankhamon n'aurait jamais accepté une vie dans l'Au-Delà sans sa femme ni ses collaborateurs précieux. Il suffisait de reprendre les dessins que mon époux avait acceptés de son vivant au lieu d'en faire de nouveaux totalement éloignés de ses dernières volontés. Heureusement qu'Houy a reproduit dans sa propre tombe les moments les plus précieux qu'il a partagés avec Toutankhamon, notamment cette cérémonie où il a reçu le titre de vice-roi de Koush.

Elle l'encouragea vivement à rajouter d'autres scènes en souvenir de son mari.

– Les murs de ma tombe sont très chargés, lui

expliqua Houy. Je crois sincèrement que Toutankhamon aurait été ravi de les voir achevés. Il connaissait, cependant, la plupart des tableaux qui le flattaient. Si tu souhaites que j'ajoute encore quelques éléments, je les ferai mettre autour des portes ou dans les coins.

– Ta tombe restera le témoignage des actions du roi. N'hésite surtout pas à faire peindre ta sépulture avec le maximum de détails. Je mettrai les meilleurs artistes à ta disposition.

– Je vais profiter de mon séjour à Thèbes pour vérifier l'avancée des travaux

– Ta tombe est déjà magnifique. J'ai veillé sur elle.

Houy remercia la reine car il était extrêmement touché par cette marque d'amitié. En revanche lui aussi était étonné par l'attitude inattendue d'Aÿ. Celui-ci avait abandonné sa sépulture d'Akhetaton du jour au lendemain. Il avait également cessé d'y honorer Aton pour revenir dans sa tombe thébaine à toutes les divinités traditionnelles. Aucun état d'âme ne paraissait l'habiter.

Quand elle découvrit, quelques jours avant les funérailles, les décorations de la tombe de son mari, Ankhesenamon faillit s'évanouir. Elle était désespérée par des oublis impardonnables. Mais était-ce des erreurs ?

Comme le Père divin lui faisait visiter en personne la tombe de Toutankhamon, elle s'étonna, tout d'abord, que l'antichambre, le couloir d'accès et les deux annexes ne fussent pas ornés.

– Nous n'avons pas eu le temps de le faire, lui expliqua Aÿ.

– Il aurait été possible de faire travailler ici davantage d'artisans. Pourquoi ne pas me l'avoir dit ? Tu as agi sans m'informer de rien.

– L'important est que la chambre funéraire soit terminée. Les autres salles seront tellement envahies d'objets qu'on ne verra même pas les murs !

Ankhesenamon regarda d'un air un peu triste les parois inégales où apparaissaient les coups de ciseaux. Elle passa sa main sur les surfaces et examina leur aspect.

– Il aurait fallu les lisser. Elles sont laides ainsi.

En revanche, dès qu'elle arriva dans la petite chambre funéraire, une agréable surprise l'attendait. Celle-ci était magnifique avec une dominante jaune lumineuse.

– Où suis-je ? demanda la reine en détaillant les trois murs décorés.

– Nulle part, répondit Aÿ calmement. Toutankhamon est ici en compagnie de Nout, d'Hathor, de son propre *ka*.

– Et du grand-père Aÿ, ajouta Ankhesenamon.

– Tu survis à Toutankhamon, ma petite-fille, et tu seras la Grande Épouse pour de nombreuses années. Tu figureras donc dans ma tombe.

– Aÿ, j'ai répondu à ta proposition. Tu as pris

pour toi la tombe de mon mari alors que tu n'es pas pharaon et que tu ne le seras jamais...

Elle s'interrompit soudain en voyant la couronne d'Aÿ habillé en Grand prêtre face à Toutankhamon.

– Tu le constates, Ankhesenamon, je serai roi même si je n'ai que quelques années à vivre. Je voudrais que tu sois ma reine.

Sentant son pouvoir menacé, Ankhesenamon préféra se taire. Elle constatait seulement qu'aucun extrait du *Livre des morts et de l'Amdouat* ne figurait dans la tombe royale. Seules étaient représentées les funérailles de Toutankhamon transporté d'une rive à l'autre du Nil et accompagné du convoi funéraire. Elle dit seulement à Aÿ :

– Si nous n'écrivons pas quelque part que le roi sera heureux dans l'Autre Monde et qu'il y sera accueilli par Osiris, comment l'événement se produira-t-il ?

– Ces douze babouins accompagneront le roi pendant sa course nocturne. Hathor donne ici la vie au pharaon. Anubis a réalisé un embaumement exemplaire.

– Je vois surtout ces douze porteurs qui transportent la momie royale sur un traîneau. Il me semble reconnaître Pentou et Ousermontou, deux hauts fonctionnaires, qui n'étaient pas les meilleurs amis de Toutankhamon. Je vois mon époux en Osiris. Il s'agit bien de lui puisque son cartouche est là.

– En effet.

– Et tu fais toi-même la cérémonie de l'ouverture de la bouche. Tout est beau devant cette petite table où ont été déposées la plume et la patte d'un animal. Mais tu es encore plus superbe avec ton instrument qui redonne vie au pharaon d'autant que tu portes une couronne royale ! Mais qui est le roi de cette tombe ? Où est Toutankhamon ? Comment mon époux va-t-il vivre dans l'Au-Delà sans sa femme, ses amis, les préceptes du *Livre de l'Amdouat* ?

– Calme-toi, Ankhesenamon, tu perds la tête ! Les serviteurs t'écoutent !

– Je suis révoltée et triste, Aÿ, répondit Ankhesenamon. Je ne te reconnais plus. Tes décisions étonnent tout le monde. Comment réagiront les courtisans et les prêtres lorsqu'ils verront ces murs ?

– Ils ne diront rien parce qu'Aÿ a toujours raison et que personne ne discute ses ordres. Aÿ est tout-puissant dans ce pays.

– Je suis la reine ! Je compte bien assumer mon rang !

– Ma chère Ankhesenamon, je ne voulais pas te blesser. Si tu souhaites absolument figurer dans cette tombe, nous ferons ajouter quelques scènes dans l'antichambre.

– Quand la tombe sera scellée ? Te moquerais-tu de moi ?

– Je pensais que tu te contenterais des magnifiques portraits que j'ai prévus dans ma sépulture. Tes peintres auront le temps de les peaufiner.

– Qui te dit que je veux être représentée dans ta tombe ?

– Tu es ma petite-fille...

– Sortons ! Je ne sais plus que penser. Que Toutankhamon te pardonne !

XV

La reine avait souvent prié pour que le messager arrivât au Hatti sans difficulté. Elle était à peu près sûre que sa décision était restée secrète et que ni Horemheb ni Aÿ n'en avaient eu vent. Elle n'en avait même pas parlé à Houy qui se demandait ce que la reine avait en tête.

La veille des funérailles, elle savait très exactement ce qui serait placé dans la tombe de son époux. Elle avait donné son accord à Aÿ pour qu'il fît revenir d'Akhetaton les restes de Semenkharê.

– Semenkharê est digne d'être enterré dans la Vallée. Je te rappelle également que ton époux avait envisagé l'enterrement d'Akhenaton à Thèbes.

– J'exécuterai ses dernières volontés.

– Je m'en chargerai quand je jugerai le moment opportun.

Le peuple thébain était très excité par les funérailles de Toutankhamon. De nombreux étrangers s'étaient déplacés et étaient logés à Malqatta. Le travail qui précédait le jour de l'enterrement était tel qu'Ankhesenamon oublia ses soucis. Le mobilier prévu était prêt. La momie était parfaite et les pleureuses louées. Chanteurs et danseurs avaient répété leurs hymnes. On retrouvait dans de nombreux objets le style cher à Ankhesenamon et à Toutankhamon.

Ankhesenamon avait lu à Houy la lettre envoyée par le roi de Babylone à Toutankhamon.

– On y retrouve incontestablement une envie de gouverner seul. Le roi de Babylone appelle le pharaon son frère.

– « Tout est parfait dans mon pays, écrit le Babylonien. Je te salue ainsi que ta famille, tes femmes et tes enfants, ta patrie, ta cour, tes chars et tes chevaux. Nos pères ont échangé entre eux de nombreux cadeaux et se sont promis les plus beaux. Jamais mon père n'a refusé un seul présent au tien. Voilà pourquoi je suis étonné de ne recevoir de toi, mon cher frère, que deux mines d'or. Si tu as autant d'or que ton père, donne-m'en en grande quantité. Si tu en as moins, j'espère recevoir de ta part la moitié de ces biens. Partageons ! Explique-moi pourquoi je n'ai reçu que deux mines d'or. Ton or sera bien utilisé car je dois faire de nombreux travaux dans le temple. En échange, je te donnerai les produits que tu veux. Souviens-toi de ce que ma famille a fait pour toi. Alors que nos ennemis voulaient se rendre à la frontière de l'Égypte pour envahir le pays, mon père a immédiatement répondu qu'il n'accepterait aucune alliance avec les adversaires de l'Égypte. En revanche, il leur a certifié qu'il lutterait contre ceux qui se montraient hostiles à l'Égypte. Il les punirait comme il se devait. Souviens-toi de cela en pensant à ton père. Le mien a refusé de s'allier à eux. Venons-en aux Assyriens. Ce sont mes vassaux mais je ne t'ai rien écrit à leur sujet. Je ne leur ai rien promis. Pourquoi ont-ils été dans ton pays ? Si tu tiens vraiment à moi, ne les écoute pas, ne leur donne rien. Pour sceller de nouveau notre amitié, je te donne trois mines de lapis-lazuli et cinq attelages pour tes chiens. » Je ne me lasse pas de relire cette lettre.

– Elle témoigne du pouvoir de Toutankhamon.

– J'aurais voulu que des extraits de cette correspondance apparaissent au moins sur certaines pièces déposées dans la tombe de Toutankhamon.

– Et il n'en est rien.

– Aÿ dirige tout. Avant même l'enterrement du roi, il a décidé de s'installer dans le palais de Toutankhamon et de mettre son propre nom sur les statues en quartzite rouge qui le flanquent.

– Mais on reconnaît Toutankhamon.

– Un détail pour Aÿ. Maya aura tôt fait d'éxécuter les volontés du divin Père. Il a lui-même prévu un présent somptueux pour les funérailles de Toutankhamon : une miniature du roi étendue sur son lit. Deux oiseaux se pencheront sur le roi et étendront l'une de leurs ailes vers lui... Le premier oiseau sera le symbole de l'âme de Toutankhamon, le second devant être, m'a-t-on dit, un faucon. Tout autour du lit à pattes de lion seront inscrits les titres et les noms de mon époux.

– Voilà un cadeau touchant digne de ton époux. Maya serait-il le seul à penser à honorer le pharaon dans sa tombe ?

– Pas tout à fait car tu es là. Le général Nakhmin a également commandé cinq ouchebti de Toutankhamon. Il a écrit sur l'un deux : « Le domestique qui fait revivre les noms de son maître. »

– Je ne comprends pas. Pour signer ainsi, Nakhmin devrait être fils ou « ami du roi ». Le général avait-il un lien de parenté avec le roi ?

– Peut-être... Quoi qu'il en soit, il ne participera pas à la cérémonie de l'ouverture de la bouche car Aÿ l'accomplira lui-même.

– Il ne cédera sa place à personne. Il tient ainsi à ce qu'Aton soit autant honoré qu'Amon. Pour le festin qui suivra, Aÿ a fait venir du vin d'Akhetaton. Quelques jarres seront déposées dans la tombe. Les statuettes seront enveloppées de lin en provenance des ateliers d'Akhetaton avant d'être enfermées dans des coffres en bois. J'ai choisi moi-même cette écharpe pour entourer le cou d'Anubis qui sera déposé dans la salle annexe de la chambre funéraire.

Houy en admira les couleurs. Tout le monde se

réjouissait que la momification du roi ait été faite dans les meilleures conditions. Toutankhamon allait devenir Osiris et ressusciter grâce au travail réalisé par l'embaumeur dans la Demeure qui donne la vie. Les funérailles terminées, Toutankhamon pourrait ainsi reprendre des forces.

Les préparatifs ayant été plus longs que prévu, l'embaumeur avait fait appel à d'autres officiants qui avaient rempli le ventre du roi de myrrhe et d'épices après l'avoir rincé avec du vin de palmier mêlé d'aromates. Des inscriptions avaient été ajoutées sur les petits sarcophages qui contenaient maintenant les viscères du pharaon.

D'autres assistants avaient lavé le corps, l'avaient séché dans le natron et l'avaient étendu sur un lit haut adapté à leur travail. Ils avaient également rasé la tête du roi.

L'embaumeur s'était plaint à la reine : comment Aÿ osait-il lui imposer des officiants moins qualifiés que ses propres fils ? Mais Ankhesenamon n'avait pas voulu se battre contre Aÿ sur ce terrain car elle avait fort à faire avec lui pour des détails plus importants. Aussi la reine avait-elle tenté d'apaiser la colère justifiée de l'embaumeur. Celui-ci l'avait également alertée lorsque les nouveaux assistants avaient ôté les bandelettes du défunt pour en mettre d'autres.

– Vous ne serez pas trop d'une dizaine pour vous occuper du roi, lui avait répondu Ankhesenamon.

Chacun des doigts de pieds et de mains du roi avait été soigneusement entouré de bandelettes avant que ses membres ne soient à leur tour enveloppés de lin. De nombreuses prières avaient été dites. L'embaumeur avait lui-même versé des parfums et des onguents sur le corps de Toutankhamon en exécutant les ordres des officiants d'Aÿ tout en leur reprochant d'en abuser et d'abîmer ainsi la peau et les os du roi.

– Je crains, avait-il écrit à Ankhesenamon, que seuls le visage, protégé par le masque funéraire, et l'extrémité des doigts, munis de protections en or, ne soient épargnés. Les bandelettes ruissellent d'onguents. Si ces parfums sont nécessaires à la renaissance du roi, ils risquent de ronger sa momie.

La reine avait fait la liste des objets qui orneraient son mari : des sandales, des bagues, des colliers, des bracelets, des diadèmes, des pendentifs, des dagues, des amulettes. En contact avec l'or, matière divine, Toutankhamon était dès lors considéré comme une divinité. Sa perruque, ornée de perles et de tresses, était mise en valeur par quatre cobras d'or. Une sorte de coiffe rigide protégeait sa tête. On l'avait recouverte d'une autre coiffe en lin qui s'achevait comme une queue. Sur la tête se trouvait également un vautour aux ailes déployées, symbole de Haute Égypte, qui complétait la marque du cobra, signe de la Basse Égypte. Des bandeaux tenaient l'ensemble.

Le diadème était simple et beau. Il était décoré

d'or, de cornaline et de pâte de verre, couleurs bleue et verte. Des rubans pendaient sur les côtés. Deux d'entre eux portaient encore le cobra.

L'embaumeur aurait voulu placer des statuettes de cobra sous les bandelettes.

– Impossible ! avait protesté un officiant. Ce serait trop volumineux ! On les mettra près des jambes de la momie.

– Mais ils auront moins d'effet.

– Il suffit de les faire plus petits.

– C'est trop tard. L'important est d'orienter la momie, le vautour et les cobras du bon côté. Jamais aucun embaumeur n'a glissé d'objet aussi encombrant sous les bandelettes !

Les discussions avaient été si houleuses que l'embaumeur avait été tenté de tout abandonner. La reine l'avait alors menacé. Jamais un embaumeur n'avait refusé d'achever une momie royale ! Tout avait été si minutieusement fait que le roi ressemblait à un dieu avant même d'être enterré. Ces magnifiques préparatifs pour un roi qui avait si peu gouverné auraient surpris bien d'autres souverains.

Houy lut l'inscription qu'Ankhesenamon avait fait ajouter sur l'écharpe qu'elle voulait mettre autour du cou d'Anubis. Il loua la beauté des *uraeus* en perles qui ornaient le crâne du roi et les petits animaux en or qui avaient été fabriqués par les plus grands artistes.

– Tout est si bien fait, si beau, si riche.

– Nos joailliers se sont surpassés. Même en dix jours, ils n'espéraient sans doute pas réaliser des objets aussi parfaits. Comment ont-ils pu travailler aussi vite ? Je les récompenserai tous.

– Leur plus belle récompense sera d'avoir servi le roi et de rester dans la postérité.

– Tu as raison. Je leur donnerai, cependant, des pendentifs et des biens pour leur famille comme l'aurait fait le roi.

Le cou du pharaon avait été orné de plusieurs sortes de colliers et d'une vingtaine d'amulettes : bijoux en perles sur quatre rangs qui avaient été recouverts de bandelettes, représentations du cobra et du vautour, liens entre les mondes, fabriqués à l'aide de feuilles d'or fines et également entourés de bandelettes. Entre chaque rang de bandes en lin, avaient été cachées des amulettes en or et en pierres semi-précieuses retenues par des fils d'or. Ces amulettes étaient complétées par des morceaux de papyrus où étaient écrits hymnes et prières. On retrouvait Isis, Osiris, Horus, Thot sous forme d'ibis, Anubis, les piliers *djeb* en or et en faïence de couleur bleue qui permettaient l'accès à l'Au-Delà, un gorgerin magnifique en or avec l'Horus faucon aux ailes déployées.

Plus de trente objets avaient été déposés sur la poitrine de Toutankhamon, notamment un bandeau en perles d'or et en verre bleuté dont le travail semblait représenter des vagues régulières et des pendeloques en or où l'on retrouvaient les têtes d'Horus.

La reine expliqua à Houy, qui avait eu le privilège exceptionnel de contempler ces objets, qu'elle avait fait mettre par-dessus les colliers et les pectoraux que Toutankhamon avait utilisés pendant sa vie.

Houy avait reconnu avec nostalgie quelques-uns des cadeaux et des bijoux que son ami aimait particulièrement : un pendentif en or, en cornaline et en lapis-lazuli représentant la déesse vautour Nekbet. Le roi y avait fait inscrire son nom. Derrière sa nuque, le souverain portait un fermoir fait de deux Horus. Le roi appréciait aussi trois autres pendentifs décorés d'un œil oudja, du vautour, du serpent, du scarabée ailé portant l'orbe et le faucon ; un pectoral orné d'amulettes, de perles, de dessins en forme de fleurs, d'un génie et de trois scarabées portant les noms du roi. Les colliers en or et en pâte de verre polychrome qui apparaissaient par-dessus les bandelettes étaient plus impressionnants encore. Non loin de la taille se retrouvaient le vautour et le cobra. Chaque objet, chaque rang d'ornements était entouré de bandelettes.

La reine avait choisi des bracelets en fils d'or avec des perles de cornaline et de lapis-lazuli. L'un d'eux était décoré d'un détail en fer, que les officiants avaient fait venir d'un pays étranger. Les nœuds en or assimilaient le roi à un dieu. Quant aux colliers en or de Nekbet et d'Horus placés entre le cou et la poitrine du roi et recouverts d'un gorgerin, ils étaient accompagnés de quatre objets, l'un orné du faucon, un autre de l'*uraeus*, le troisième du serpent et le quatrième du vautour. Un scarabée en résine, en or et en verre de couleur avait été attaché à ces objets.

– C'est pour moi un incroyable avantage que de contempler certains bijoux familiers de Toutankhamon avant qu'ils ne soient entourés de bandelettes, avait dit Houy à Ankhesenamon.

– Tu as également vu sa momie avant les funérailles et tu lui as rendu un dernier hommage.

– Grâce à ma reine bien-aimée.

– J'ai confiance en toi, Houy.

– Hékanéfer sera jaloux...

– Je ne le crois pas. Garde cette visite secrète.

– Le divin Père m'a demandé quand je repartais pour Koush. Il n'aime guère me voir ici en ta compagnie. Il s'est étonné que je n'aie pas encore programmé mon retour.

– Et que lui as-tu répondu ?

– Que j'écoutais tes instructions. Il m'a paru très contrarié par cette réponse. Que dois-je en penser ?

– Rien. Contente-toi d'agir au mieux. Si tes frères ne pensent pas pouvoir te suppléer en Nubie, pars. Sinon reste encore un peu. J'attends une réponse importante d'un roi étranger. J'aimerais que tu sois là lorsque je la recevrai.

– Préviens-moi dès que ton messager sera de retour. Quand est-il parti ?

– Il y a quelques jours.

– J'espère qu'il ne tardera pas.

– Il doit remplir sa mission le plus vite possible.

– Je baise les pieds de ma reine.

XVI

Les bras de la momie avaient été croisés sur sa poitrine entourée de bandelettes. Sous les bandes, l'embaumeur avait placé les sceaux que la reine lui avait confiés. Ces treize bagues en or, en lapis-lazuli, en chalcédoine, en turquoise et en résine permettaient au roi de placer son cachet sur les décrets officiels.

Au-dessus des coudes avaient été enfilés des bracelets en joncs. L'un était orné d'une magnifique pierre semi-précieuse de couleur verte et de six amulettes en forme d'œil oudja. L'autre, situé à gauche, était décoré de perles et d'une hirondelle en cornaline portant le Soleil.

Les avant-bras étaient entourés de treize bracelets beaucoup plus travaillés en or, en cornaline, en électrum, en pierres semi-précieuses et en pâte de verre colorée où apparaissaient yeux oudja et scarabées.

Ankhesenamon avait assisté à la scène pendant

laquelle les officiants avaient mis aux doigts du roi ses deux sceaux d'or les plus utilisés. Elle les avait également vus enfiler des protections en or au bout des orteils du roi et lui mettre pour la dernière fois ses sandales d'or. « Je les ai enfilées moi-même pendant tant d'années ! » avait-elle pensé en se retenant de le faire pour l'éternité.

Houy et la reine avaient accompagné les officiants qui chantaient des incantations exhortant le roi à écraser l'ennemi de l'Égypte.

– Le roi est si maigre maintenant ! s'était plaint Ankhesenamon. Ne peut-on lui donner une plus belle apparence ?

L'embaumeur s'était précipité pour rembourrer à l'aide de bandelettes en lin les parties les plus asséchées.

– Ajoute ces bracelets au niveau des tibias et des genoux ainsi que ces quatre ornements là, là et là, avait conseillé Ankhesenamon très attentive. Un autre bracelet renforcerait cette partie (elle parlait de l'aine). Quant au cobra du diadème royal, pose-le sur cette jambe.

– Il ne tiendra pas, avait dit l'embaumeur. Je suggère de le placer contre la jambe gauche.

La taille n'avait pas été oubliée. Sur le premier rang de bandelettes se trouvaient une ceinture en perles et un pectoral en terre vernissée de couleur bleue en forme d'œil oudja. Sur les jambes avait été ajouté un devanteau de vingt rangs de perles de faïence, de verre et d'or. Une dague à la poignée en or et en pierres semi-précieuses émergeait d'une autre ceinture. La décoration en était remarquable avec des scènes de chasse, des animaux familiers ou sauvages.

– Place aussi ce collier en faïence près de la momie, avait insisté la reine et n'oublie pas de cacher cette horrible incision qui vous a permis d'ôter les viscères de Pharaon.

– N'aie crainte. Un morceau de feuille d'or est prévu. Quel extrait du *Livre des morts* veux-tu placer sous la tête du roi ?

– Celui-ci, avait aussitôt dit la reine qui l'avait sélectionné à l'avance. Ajoute une amulette à côté. Pharaon pourra alors se lever et reprendre vie. Ma pièce préférée reste le masque d'or. Il ressemble tant à Toutankhamon que j'en suis bouleversée à chaque fois que je le regarde. Quel étonnant travail d'artiste !

– Thoutmès s'est surpassé en nous aidant à reproduire les traits du roi.

– On a l'impression que ses yeux nous regardent.

– La pâte de verre utilisée ajoute au masque un effet particulier. Le collier qui l'orne en lapis-lazuli, en quartz et en feldspath lui donne encore plus de valeur. Quel bonheur pour Pharaon d'être traité ainsi ! Je voudrais que le Grand prêtre mette aussi ce collier de perles en or et en verre vernissé bleu et celui-ci avec un scarabée en résine noire sur lequel j'ai fait ajouter un texte.

Ankhesenamon s'assura que deux mains en or tiendraient sur la poitrine de Pharaon le fouet et le crochet, symboles de pouvoir, et que le linceul serait recouvert d'inscriptions sur la renaissance du défunt et l'éloge des dieux.

– Et la référence au roi Semenkharê, doit-on l'effacer ?

– Non.

– As-tu un texte à ajouter sur le linceul ?

– Oui : « Que le roi Osiris Nebkheperourê vive éternellement et que son sang coule. Qu'il respire comme autrefois et qu'il se promène comme un dieu. »

Les derniers préparatifs achevés, la momie fut transportée au palais et étendue sur un lit doré. La reine regrettait seulement le visage un peu las et triste du roi sur les divers sarcophages.

– Le roi n'était pas toujours gai, lui dit Houy. Il repassera par diverses phases en renaissant. Ces visages expriment les étapes qu'il connaîtra.

Ankhesenamon jugeait, cependant, que le sarcophage d'or massif qui serait au contact de la momie donnait une image trop torturée du roi.

– Quelle tristesse pour un masque qui représente le retour à la vie !

– Les inscriptions indiquées derrière le plastron sont éloquentes et n'entraînent aucune confusion. Le roi est semblable au Phénix surgissant des eaux. Il est écrit que son visage est vivant, que son œil droit est la barque qui navigue de jour et son œil gauche celle qui navigue de nuit. Ces navires promènent le soleil de jour et de nuit. Toutankhamon voyagera de même pour l'Éternité.

La reine craignait encore d'avoir oublié d'autres détails. Il était fondamental pour elle que son époux ait dans l'Autre monde la meilleure des vies. Pendant ces jours importants, Aÿ préféra laisser sa petite-fille tranquille. Mais il attendait sa réponse avec impatience. Il ne pouvait imaginer qu'Ankhesenamon avait envoyé sur sa propre initiative un messager au roi du Hatti pour épouser l'un de ses fils. S'il l'avait su sa réaction aurait été terrible. Il avait veillé, lui aussi, aux préparatifs des funérailles et il insistait pour montrer à tous combien il chérissait Toutankhamon. Cet attrait très excessif pour le défunt roi surprenait de plus en plus les courtisans qui ne comprenaient pas pourquoi Aÿ souhaitait pour Toutankhamon des honneurs qui n'avaient pas été accordés à des pharaons au règne plus long et plus mémorable. Certains étaient même choqués que Toutankhamon fût assimilé, avant même son enterrement, à un dieu. Ankhesenamon ne comprenait pas les desseins de son grand-père. Tantôt il avait hâte de lui succéder, tantôt il ne songeait qu'à lui donner les plus belles funérailles possible. Mais les soucis des derniers jours précédant l'enterrement lui firent oublier les problèmes de succession et l'insistance d'Aÿ.

La saison des fortes chaleurs était revenue. Les deux vizirs, dont le Père divin, responsable du Sud, étaient prêts à accomplir les rites funéraires. Les Grands prêtres d'Amon étaient satisfaits que le mobilier de Toutankhamon fût dédié à Osiris. La période de deuil s'achevait. Les hommes avaient rasé leur tête et leur barbe ; les femmes avaient revêtu leur tunique en lin blanc et s'apprêtaient à recouvrir leurs cheveux de poussière. Certaines déchireraient leurs vêtements de deuil dans des gestes désespérés.

Depuis plusieurs jours, des femmes cueillaient des fleurs pour préparer des bouquets, des couronnes et des petites compositions qu'elles placeraient sur les sarcophages ou qu'elles donneraient aux invités du banquet.

Ankhesenamon n'avait pas quitté la momie de son mari depuis qu'elle avait été transportée au palais. Elle prononçait des prières tandis qu'une jeune femme représentant la déesse Nephtys, la sœur d'Osiris, qui avait soutenu Isis quand elle avait perdu son époux, l'assistait.

***

La reine légèrement assoupie entendit des cris devant la chambre de Toutankhamon. Elle s'éveilla et comprit ce qui se passait. Des pleureuses tentaient de s'opposer à l'entrée des prêtres dans la chambre.

– Vous n'emmènerez pas la momie ! disaient-elles en tendant leurs bras devant elles. Nous nous y opposons.

Mais ce scénario n'était qu'un jeu qui ne durait guère. Aussi la reine se leva-t-elle et ouvrit-elle la porte aux prêtres.

– Nous sommes prêts, dit-elle sur un ton fataliste. Faites votre devoir.

Le corps de Toutankhamon, protégé par un catafalque, fut placé dans le péristyle puis disposé sur un traîneau. Les prêtres amenèrent des bœufs rouges un peu efflanqués.

– Seront-ils assez valides pour traîner ce catafalque jusqu'au temple funéraire ? s'inquiéta encore Ankhesenamon.

On la rassura et on lui demanda de prendre place derrière le traîneau. À cet instant, Aÿ pénétra dans le péristyle..

– Je ne t'ai guère vu veiller Toutankhamon, lui reprocha la reine.

– Je voulais respecter ta douleur et te laisser vivre auprès de Toutankhamon les derniers instants de sa vie terrestre.

Ankhesenamon ne le remercia pas.

– Si tu es venu me dire que vous tous, amis et complices du roi, êtes prêts à suivre le corps du pharaon, je le sais. Nous pouvons partir. Mais elle eut subitement peur en voyant le regard glacial de Aÿ. Savait-il quelque chose au sujet du messager ? Afin de gagner du temps et de préserver sa vie, elle suivit les conseils d'Houy en évitant les conflits.

– J'ai réfléchi à ta proposition, Père divin, lui dit-elle. Je n'ai pris aucune décision car j'ai été très occupée. Mais ton idée de devenir corégent me paraît bonne. J'y penserai sérieusement quand ces fêtes seront terminées.

Considérant ces paroles comme une nomination officielle, Aÿ se redressa.

Les huit « amis du roi » précédés de leur chef évoquant la parole divine, enveloppés dans un manteau, les pieds chaussés de sandales blanches, prirent la tête du cortège. Tous les neuf portaient une longue canne. Les Nobles avaient, eux aussi, choisi des chaussures blanches. Puis venaient l'embaumeur, les prêtres et les officiants qui avaient eu le privilège de participer à la momification ainsi que de hauts fonctionnaires parmi lesquels figuraient Hékanéfer, Houy, Kaÿ, le responsable des terres du Sud, Amonemipet, assistant d'Houy en Nubie, les prophètes du temple de Toutankhamon, le scribe Kha, le responsable de l'or Hornéfer, le chef de l'écurie Hati, tous amis de Toutankhamon. La sœur de Houy, Temouadjès, avait supplié la reine de lui accorder une place d'honneur à côté de son frère.

Aÿ se plaça d'office devant les neuf « amis du roi », ce qui ne s'était jamais vu. Il laissa sa femme avec Moutenejmet et Maïa. Comme toutes les femmes du cortège, très nombreuses, la reine portait un vêtement de deuil et avait retenu ses cheveux avec un bandeau blanc. Elle défilait dans le groupe des femmes distinct de celui des hommes tandis que les courtisans portaient les pièces du mobilier qui serait déposées auprès de Toutankhamon : un trône, un fauteuil, un lit, un coffre, un vase, une jarre, une boîte, un char, des armes, des jeux, des barques, des éventails, des statuettes.

Dans de petits coffres en bois, les vases canopes étaient tirés sur un traîneau et encadrés d'un important cortège. En tête, Aÿ avait rejoint les prêtres pour verser les gouttes de lait qui assureraient au roi la renaissance.

Tout en cheminant jusqu'au canal, qui permettrait au cortège de rejoindre le temple funéraire, la reine put constater la douleur du peuple. Les femmes se lamentaient plus encore que les pleureuses professionnelles. À chaque station, lorsque les bateaux s'arrêtaient et que les prêtres descendaient à terre pour accomplir des rites ou donner des offrandes, les Égyptiens poussaient des cris de tristesse.

Le bateau d'Aÿ atteignit le premier le temple funéraire de Toutankhamon inachevé. Le Père divin alla au-devant des prêtres qui attendaient le cortège. Sûr de devenir corégent et de battre sur ce terrain les meilleurs des Grands prêtres, Aÿ avait une assurance redoutable.

– Je vais accomplir moi-même l'acte le plus important pour le défunt, leur apprit-il. Je procéderai à l'ouverture de la bouche et des oreilles et rendrai à celui que je considère comme mon fils l'usage de la parole, de l'ouïe et du toucher. Ainsi Horus a-t-il agi pour Osiris.

– Toutankhamon n'avait plus de père, reprirent les prêtres. Il n'avait pas de fils non plus.

– Voilà pourquoi je ferai ce geste essentiel. Nous avons préparé le corps à son passage dans l'Au-Delà.

– Ce sera long et éprouvant, Père divin.

– Nous avons prévu quatre jours de cérémonie. Indique-moi l'endroit où je pourrai revêtir mon costume de prêtre et cette peau de fauve.

Les prêtres le conduisirent dans une chapelle et l'aidèrent à se changer. Aÿ plaça également la couronne képresh sur sa tête, signe qu'il se considérait comme le successeur de Toutankhamon. Pendant ce temps, les prêtres sacrifièrent un taureau et en donnèrent un morceau à Toutankhamon dont on venait de déposer le catafalque devant le lieu du sacrifice encore rouge de sang.

Aÿ apparut dans toute sa majesté. Il tenait une herminette à la main. Prononçant quelques formules magiques, il toucha la bouche et les yeux du pharaon pour leur redonner vie.

Horemheb, qui ne s'était guère manifesté depuis la mort de Toutankhamon, ne comprenait pas les intentions d'Aÿ. Il avait, cependant, suivi avec étonnement la manière dont s'étaient déroulées ces dernières journées. Le silence de la reine l'inquiétait. La présence d'Houy auprès d'elle lui semblait injustifiée. Le vice-roi de Koush était venu trop tôt à Thèbes et y restait trop longtemps.

Horemheb fut surpris par l'apparence d'Aÿ.

– Pourquoi le Père divin porte-t-il le képresh ?

– On dit qu'Aÿ veut régner, lui répondit son épouse qu'il avait rejointe au moment du sacrifice.

– Régner à son âge ? Si quelqu'un doit prendre le pouvoir, c'est bien moi !

– Tu n'es guère plus jeune qu'Aÿ et je ne souhaite pas devenir Grande Épouse royale.

La disparition de Toutankhamon avait arrangé les affaires du général qui comptait se débarrasser du roi pendant leur courte campagne en Nubie. Mais il restait Ankhesenamon qu'Horemheb voulait également voir disparaître. Ce qu'il apprenait changeait encore ses plans.

– Comment Aÿ pourrait-il régner alors qu'Ankhesenamon est en vie ? Elle trouvera un nouvel époux.

– La liste des prétendants est longue !

– Toi qui aimes Ankhesenamon et qui écoutes ses confidences, dis-moi quel homme elle a choisi.

– Par Horus, son choix se porterait volontiers sur Houy. Mais elle a conscience que cette union est impossible.

– En effet. Je ne comprends donc pas ce qu'espère Aÿ.

– La reine est désemparée et apeurée. Elle ne veut plus se confier à personne.

– Elle est malheureuse et pleure Toutankhamon.

– Crois-moi, je la connais bien. Un autre événement la contrarie. Je ne parviens pas à la faire parler. Elle garde son secret. Je sens qu'elle a très peur.

– De ceux qui ont comploté contre Toutankhamon et qui n'ont pas été arrêtés ?

– Non. Il s'agit d'autre chose...

– Tu n'en sais manifestement pas plus.

– Hélas non, car je voudrais la soulager et l'aider. Cette pauvre Ankhesenamon me fait tellement de peine !

XVII

Le lendemain, dès l'aube, le cortège se dirigea vers la nécropole. Les vizirs du Sud et du Nord, aidés des « amis du roi », portaient le catafalque que suivait Aÿ invoquant la déesse Hathor. Le parcours fut long et pénible. Sous la chaleur naissante déjà perturbante, les porteurs peinaient et faisaient souvent des haltes. Tandis que les pleureuses se lamentaient plus fort que jamais, les hauts fonctionnaires avançaient très lentement, le visage baissé.

Au moment d'arriver à la nécropole, des danseuses à moitié nues, la tête couverte d'un petit bonnet en peau, surgirent et vinrent au-devant du cortège. Elles paraissaient naître des monts comme des divinités bienfaisantes.

– Nous y voilà enfin, dit Aÿ en faisant venir auprès de lui l'un de ses scribes. Voilà le plan de la tombe et la disposition des objets que j'ai prévue. Qu'elle soit en tout point respectée.

Le scribe donna les papyrus aux officiants.

– Trois murs de la chambre funéraire sont terminés. Le quatrième sera achevé plus tard quand les morceaux du catafalque seront en place autour de la cuve du sarcophage. Il sera très difficile de travailler ici après l'enterrement mais nous ne pourrons pas faire autrement, dit Aÿ à Horemheb qui se demanda quelle idée le Père divin avait encore en tête.

– Le couvercle de la cuve n'est pas terminé.

– Non. Il sera fait en granit et disposé plus tard.

– Voilà une curieuse méthode...

– En vois-tu une autre ? demanda Aÿ avec hauteur.

– Nous pourrions laisser la chambre funéraire inachevée. Ce ne serait pas la première fois.

Aÿ joua les révoltés.

– Je suis étonné de tes remarques.

Comme des serviteurs venaient d'apporter des coffres devant l'entrée de la tombe, tous deux se turent. Ils ouvrirent les boîtes et choisirent les colliers qui allaient orner le cou du roi sous le regard vigilant de la reine.

On sortit la momie du catafalque et les prêtres la dressèrent devant l'assistance. Ils firent couler de l'eau sur le masque et le corps de Toutankhamon recouvert d'un linceul afin de purifier le pharaon comme l'étaient les dieux. De nombreux gestes, rappelant les rites osiriens, contentaient les prêtres d'Amon qui avaient désapprouvé les quelques références à Aton évidentes sur le mobilier funéraire. Gestes et incantations prouvaient que Toutankhamon et Aÿ étaient bel et bien revenus à l'ancienne religion jusque dans la célébration des funérailles.

Une couronne de feuilles d'olivier, de lotus et de bleuets fut alors placée devant le roi pendant que les prêtres lisaient des extraits du *Livre des morts* et qu'Aÿ tenait l'herminette devant Toutankhamon osirien. Aÿ était aussi superbe que la veille avec son pagne blanc asymétrique retenu à une peau de félin jetée sur son épaule droite qui lui arrivait sur la cheville. Celle-ci couvrait sa poitrine et son dos. La tête du fauve descendait jusqu'à son nombril tandis que la queue caressait son pied gauche chaussé d'une sandale. Les poignets ornés de bracelets, Aÿ tenait l'herminette à deux mains. Il semblait plus jeune qu'il ne l'était.

Comme les cérémonies touchaient à leur fin, les officiants annoncèrent qu'ils allaient faire entrer la momie dans son sanctuaire. Les femmes se mirent alors à pleurer et se précipitèrent vers Toutankhamon en tentant de le saisir. Ankhesenamon se couvrit la tête et le visage de poussière avant de saisir Toutankhamon par les jambes. Les officiants cassèrent des vases pendant qu'Ankhesenamon criait :

– Rappelle-toi de ton épouse ! Roi, ne m'oublie pas ! Veux-tu que je parte loin de toi, mon ami ? Pourquoi me laisses-tu seule ? Je veux t'accompagner pour continuer à parler avec toi. Pourquoi te tais-tu ? Pourquoi ne me réponds-tu pas ?

Tii et Moutenejmet entraînèrent le chœur des femmes qui répondirent à la reine.

– Pleurez sans cesse. Quel malheur ! Celui qui va faire sa route vers l'Éternité est pris. Il va vivre seul alors qu'il était entouré d'un nombreux personnel. Il est momifié alors qu'il marchait. Il est habillé de bandes déjà sales alors qu'il aimait changer de tunique.

Ankhesenamon accompagna les prêtres et les « amis du roi » dans la tombe. Maya suivit Aÿ. La reine déposa elle-même dans le sanctuaire un objet ayant appartenu à son père Akhenaton et une boîte en pâte de verre représentant Néfernéferourê. La plupart des objets avaient déjà été déposés dans l'antichambre et dans les pièces annexes. La momie fut couchée dans son sarcophage en or et des onguents furent répandus sur son corps. Son cou fut entouré d'une couronne florale. Le couvercle provisoire pouvait enfin être mis en place.

Les officiants, aidés de nombreux assistants zélés et solides malgré leur maigreur, soulevèrent le cercueil et le placèrent dans un cintre plus léger en bois, recouvert de feuilles d'or. Quand le couvercle fut disposé avec soin, les officiants jetèrent dessus un linceul en lin. Une guirlande de feuilles et de lotus orna le cou de la représentation de Pharaon tandis qu'une petite couronne entourait le cobra placé à son front. La cuve en grès épaisse et lourde, décorée des divinités habituelles, Isis, Neith, Selkit et Nephtys, et d'un pilier *djet* d'une belle taille serait disposée plus tard.

Les prêtres firent alors sortir la plupart des assistants qui avaient terminé leur travail et qui gênaient les autres dans ces pièces extrêmement étroites maintenant encombrées de nombreux objets souvent volumineux. Les « amis du roi » préférèrent attendre à l'extérieur, à l'exception de Maya, chargé de surveiller la fin des opérations. Il fallait, en effet, accomplir l'essentiel.

– Restez auprès de moi, dit la reine à Maïa et à Moutenejmet.

Comme le dernier sarcophage était trop grand, Aÿ ordonna d'en scier les pieds.

– C'est impossible, répliqua la reine. Je refuse d'endommager ces majestueux sarcophages.

– La cuve ne peut être fermée ainsi, lui expliqua calmement Aÿ. Il faut trouver une solution. Les menuisiers vont juste raboter légèrement le sarcophage momiforme.

Ankhesenamon se plia finalement aux exigences de son grand-père. Mais, comme il était extrêmement lourd, le couvercle échappa à ceux qui le soulevaient et tentaient de le mettre délicatement en place. Il se fendit en deux en provoquant la colère de Aÿ.

– Je ne veux en aucun cas que le couvercle reste ainsi, dit le Père divin en voyant la mine déconfite de la reine. Nous allons le replâtrer dans les prochains jours quitte à remettre à cet endroit une couche de peinture. Vous seriez capable de briser ainsi la cuve du roi !

Ankhesenamon se tut et ne protesta pas. Elle ordonna au chancelier de mettre le sceau du roi sur les boîtes et les coffres. Les vases canopes furent également fermés.

La reine s'approcha des deux petits sarcophages qui contenaient les fœtus de ses enfants. Elle demanda aux prêtres de réciter des hymnes pour eux.

– Mes enfants reposent à côté de leur père. Je n'ai, hélas, pas été épargnée. Si j'avais au moins pu donner naissance à un fils.

Aÿ transmit ses dernières instructions aux prêtres chargés de fermer la porte des chapelles dorées et de les sceller. Il sortit lui-même de la tombe et harangua le chef des maçons.

– Je veux une paroi en briques entre l'antichambre et cette salle.

Il montrait l'emplacement sur un plan.

– Ce mur sera ensuite peint. Je veux y voir les divinités et le roi. Vous laisserez juste un emplacement pour la porte qui sera murée.

Les invités avaient déjà pris leurs guirlandes de fleurs et attendaient le banquet. Perles bleues, fruits, feuilles de saule et de palmier, lotus, bleuets composaient ces guirlandes qui ressemblaient à celles du roi.

Ankhesenamon avait voulu que des chants invoquassent Hathor, la déesse de l'amour et des morts pour faciliter la renaissance de son époux. Chaque hymne rappelait la Création. Les servantes commençaient à distribuer des cônes parfumés que les convives plaçaient sur leur tête. Le culte de Toutankhamon serait assuré par les prêtres dans son temple funéraire et des offrandes lui seraient régulièrement versées.

– Après le banquet, la vaisselle sera placée ici ! dit Aÿ en montrant une cavité dans le mur. Vous mettrez avec elle les morceaux d'étoffe en lin qui ont servi pour envelopper les objets funéraires ou pour la momification ainsi que ce masque funéraire.

Il désignait celui d'un des deux fœtus.

– Quand le banquet sera terminé, que chacun jette à terre devant l'entrée de la tombe sa guirlande symbolisant le lien entre la terre et l'Au-Delà.

Les instructions données, Aÿ retourna dans la tombe pour contrôler la disposition des objets que les assistants continuaient à apporter sans relâche. Ce n'était qu'un long défilé de coffres, de boîtes noires remplies de bijoux, de lits, d'armes et de parasols qui paraissait ne jamais finir. La nuit commençait à tomber et le travail était loin d'être terminé.

– Va te reposer ou accompagner nos invités, dit Aÿ à sa petite-fille qui le regarda étrangement.

– Je ne sortirai pas de la tombe tant que tout ne sera pas fini, dit Ankhesenamon. J'ai le sentiment d'en être exclue. Mais je ne quitterai pas mon mari aussi facilement.

Aÿ eut beau insister, Ankhesenamon resta sur ses positions.

– Cherches-tu à agir derrière mon dos ? demanda-t-elle à Aÿ qui rougit.

– Certainement pas, reine ! Je dois contrôler le rangement de tous ces objets et les faire noter sur les registres. Les maçons prendront ensuite les dimensions des espaces entre chaque pièce car je souhaiterais que toutes les portes soient murées.

– Mon mari a besoin de calme pour accéder à l'Autre Monde. Ce travail peut attendre demain.

– Ankhesenamon, je ne songe qu'à la sécurité de Pharaon. Tant que cette tombe ne sera pas hermétiquement fermée, je ne dormirai pas. Veux-tu qu'elle soit pillée comme celle des grands-parents de ta mère Néfertiti ?

– Tu as raison d'être prudent. J'ai, cependant, besoin de rester dans cette sépulture et de communiquer avec mon époux. Je vais regarder ces porteurs disposer tous ces objets. Je les aiderai à trouver la meilleure place.

– Mais...

– Oui, grand-père. Tu as pensé à tout. Tu as tout prévu. Tu as dressé des plans et des listes. J'aimerais, toutefois, donner mon avis et changer, si je le juge nécessaire, la disposition du mobilier funéraire. Je veux que les objets familiers de Toutankhamon soient placés près de lui. Je tiens aussi à ce que les cadeaux que ma famille lui a faits dans sa vie soient déposés près de son tombeau.

– Tu peux me faire confiance...

– Aÿ, je te demande de vérifier si le banquet est prêt.

– Il l'est et tout le monde t'attend.

– Tu vas donc me remplacer tant que je resterai ici. Nous n'allons pas laisser nos invités seuls et affamés. Il est normal qu'ils se réjouissent après avoir gémi et pleuré.

À court d'arguments, Aÿ salua la reine et suivit le long corridor qui conduisait à la sortie de la tombe. Comme les porteurs attendaient ses ordres devant l'entrée, il leur dit de déposer les meubles restants à l'intérieur le plus rapidement possible.

– Il faut en terminer ! Il est temps de se restaurer.

Comme le chef des opérations lui posait des questions précises, Aÿ répondit évasivement que la reine était dans la chambre funéraire et qu'elle les guiderait.

Le défilé reprit sous le regard des prêtres d'Amon.

– Mes amis, leur dit Aÿ, restaurons-nous. La reine refuse de quitter son époux pour le moment. Il faut comprendre sa douleur. Nous allons donc commencer le banquet funéraire.

Les « amis du roi » avaient perdu leur air attristé pour afficher leur soulagement. Toutankhamon avait enfin accédé au monde des Bienheureux. Son âme s'était envolée vers les cieux. Il était devenu éternel.

– Le roi a vraiment renoué avec Osiris et ses rites, reconnurent les Grands prêtres de Karnak.

– Croyez-vous que ses engagements étaient vains ? leur demanda Aÿ en s'asseyant à côté d'eux.

– Nous avons souvent douté à tort.

– Vous auriez dû me faire confiance.

– Nous sommes soulagés. Tout dans cet enterrement montre que le roi, attaché dans son enfance à Aton, a choisi d'honorer les autres dieux comme ses ancêtres. Le règne d'Akhenaton est bel et bien effacé.

Aÿ ne répondit pas.

– J'ai encore pu constater que des dégradations avaient été faites à Akhetaton. J'espère que vous n'êtes pas responsables de ces destructions qui seront punies.

– Nous ne sommes pas des voyous mais des représentants d'Amon.

– Je préfère cela, répondit Aÿ. Une enquête est en cours. Maou ne sait plus où donner de la tête. Je suis, toutefois, très troublé par ces nombreux dommages. Maou a déjà pris des coupables sur le fait. Bien qu'ils aient été sévèrement punis, d'autres ennemis d'Akhenaton se sont manifestés. Je suis très étonné que personne ne redoute nos policiers.

– Tel n'est pas le cas. Je crois seulement qu'Akhenaton était détesté...

– Il était difficile de s'en apercevoir tant la cour et le peuple se montraient obéissants et serviles.

– Tu sais combien les hommes sont obséquieux avec leur roi. Nous pouvons, aujourd'hui, nous rendre compte de leurs véritables sentiments.

– Je ne puis croire que tous les Égyptiens haïssaient le couple royal, dit Aÿ.

– Mais les plus acharnés sont impitoyables et ne pensent qu'à se venger.

– Sans doute.

– Le bilan doit être lourd.

– Il ne leur reste plus guère de statues d'Akhenaton et de Néfertiti debout. Leurs noms ont été presque totalement effacés à Akhetaton. On a l'impression qu'ils n'y ont jamais régné. Quant à la ville, elle a été très dégradée car plusieurs villas abandonnées ont été pillées.

– Quand Maou va-t-il enfin arrêter ce carnage ?

Aÿ regarda les Grands prêtres avec malice.

– Je veux bien croire que vous n'êtes pour rien dans les dégâts qui ont été commis à Akhetaton, murmura-t-il. Mais je doute que vous ne vous en félicitiez pas ! Cet air compassé et ce ton attristé ne vous vont pas.

– Tu nous juges mal, dirent les Grands prêtres.

– Je vous connais bien. Vous oubliez que je suis moi-même un Grand prêtre d'Amon et que le roi Akhenaton m'a demandé de le rejoindre. Je n'ai guère eu le choix. Je vous ai aidés et soutenus malgré tout. Le roi vous a humiliés. Il a préféré privilégier les prêtres d'Aton...

– ... qui n'avaient aucune formation et aucune aptitude.

– Nous sommes d'accord. Comment ne seriez-vous pas satisfaits de voir les prêtres d'Aton mis, à leur tour, à l'écart ? Je comprendrais votre désir de vengeance.

La discussion s'arrêta là car les invités étaient tous assis dans l'attente des plats. Aÿ n'avait pas l'intention d'abandonner sa propre fille dans une ville à moitié détruite. Il ramènerait à Thèbes les corps de ses enfants et de ses petits-enfants comme le voulait Toutankhamon. La promesse qu'il avait faite à la reine n'était pas vaine.

Un long défilé de domestiques apportant des mets et des fruits commença. Une harpiste chanta les louanges d'Hathor. Aÿ leva les yeux vers les cieux. Si les cérémonies funéraires s'étaient bien déroulées, le roi était maintenant auprès des astres. Des rires fusèrent. L'heure était venue de se réjouir. La chaleur avait fait place à un air agréable et doux chargé de senteurs. Horemheb paraissait détendu auprès de son épouse. Il observait Aÿ avec beaucoup d'attention. Non loin de lui, Panéhésy souriait avec nostalgie. Les amis proches du roi étaient plus tristes. Houy se demandait pourquoi la reine ne sortait pas de la tombe. Il regardait sans cesse l'entrée de la sépulture en guettant son arrivée. Mais Ankhesenamon n'apparaissait pas.

Moïse était également soucieux. Lui aussi avait compris les intentions du Père divin et s'interrogeait sur l'avenir de l'Égypte. Bien qu'il n'ait pas parlé à la reine, il avait envie de la mettre en garde contre les dangers qui l'entouraient. Rien n'était plus périlleux pour une souveraine que de perdre son mari tant les prétendants au trône étaient nombreux.

Les autres courtisans étaient plus décontractés et buvaient le merveilleux vin des vignobles de Néfertiti. Leurs rires couvraient les soupirs des porteurs d'offrandes et de meubles qui peinaient sous le poids des objets et qui ne cessaient de pénétrer dans la tombe de Toutankhamon.

Très observé, lui aussi, par le chef des armées, Houy n'écoutait pas son interlocuteur. Il cherchait une idée pour rejoindre la reine dans la sépulture. Mais il lui semblait impossible de quitter le banquet devant tous les Égyptiens. Comme Maïa l'interrogeait sur son retour en Nubie, Houy lui rappela que la reine préférait le voir prolonger son séjour à Thèbes.

– Mais où se trouve l'élue d'Hathor ? demanda-t-il comme s'il venait de constater son absence.

– Ankhesenamon doit s'attarder auprès de son époux, lui expliqua Maïa.

– Il est dommage de commencer ce repas sans la reine.

– En effet.

– Ne pourrais-tu la décider à nous rejoindre ?

– Je dois respecter son choix et sa douleur.

– Peut-être pourrais-tu nous donner des nouvelles de notre souveraine ?

– Que crains-tu, Houy ?

– La vénérable Ankhesenamon était si triste...

– Je vais me renseigner, dit-elle en voyant la mine défaite du fonctionnaire.

Elle s'approcha du Père divin et l'interrogea discrètement. Aÿ lui répondit aussitôt.

– Ankhesenamon mangera avec nous dès que les objets funéraires seront répartis dans la tombe de Toutankhamon.

– Je préfère cela, dit Houy.

XVIII

Le défilé continuait. Ankhesenamon surveillait chaque déplacement. Elle allait d'une pièce à l'autre et dirigeait les gestes des uns et des autres. Elle faisait placer les godets bleus de son époux dans l'antichambre, les coffrets en bois qui contenaient les représentations des membres de la famille en feuille d'or dans la petite salle donnant sur la chambre funéraire. Elle arrêtait quelques-uns des serviteurs et leur ordonnait, parfois, d'ouvrir les boîtes afin de regarder un objet pour la dernière fois.

– Attends ! dit-elle à un jeune Égyptien. Pose ce coffret par terre et ouvre-le.

– Mais il est hermétiquement scellé, reine, répondit le serviteur après s'être couché devant Ankhesenamon.

– Inutile de trembler ! Je ne te punirai pas si tu ne réussis pas à l'ouvrir. Mais il me plairait de contempler les portraits qui se trouvent à l'intérieur.

Un porteur plus âgé proposa ses services. La reine put bientôt détailler de ses yeux larmoyants la beauté des visages de son époux, d'Aÿ et d'elle-même.

– Je suis heureuse d'avoir pu voir les traits si purs de mon mari, dit-elle. Vous pouvez refermer cette boîte et la déposer près du sarcophage.

– Il n'y a plus de place dans la chambre funéraire. Nous pourrions la mettre à côté d'Anubis.

La reine entra dans la petite pièce annexe de la chambre funéraire.

– Les objets sont ici disposés les uns au-dessus des autres. Ils vont s'abîmer. Quel débarras ! Il sera inutile de peindre les murs de ces salles. On ne verrait même pas les décors ! Les objets atteignent le plafond.

– Il reste encore une petite place pour quelques coffrets. Que faisons-nous de ces pots ?

Le serviteur désignait des poteries à vin à col effilé. La plupart étaient hermétiquement fermées par des bouchons portant un sceau au nom de Toutankhamon. À côté se trouvait un récipient ayant appartenu au roi, entouré d'un linge en lin.

– Nous avons utilisé ce pot pour la fête de l'an 6, dit la reine en le prenant dans ses mains. Que faites-vous avec ces petits sacs et ces morceaux de chiffons ?

– Il s'agit, très Vénérable, des affaires qui ont

servi à la momification... Il y a des bandelettes, des mouchoirs.

– Posez-les près du coffret en bois. Il faut en prendre grand soin. Anubis anéantit les ennemis de l'Égypte. Il est entouré de fleurs, de trônes en or et en pâte de couleur, de morceaux de chariots, de lits de camp dorés, de vases en albâtre, de pliants en ébène, d'un damier.

La reine revint dans l'antichambre dont les murs étaient également nus. Elle fit rapidement l'inventaire des objets déjà en place : fleurs, paniers, vases pleins d'huile, coffrets remplis d'objets aux noms d'Aménophis III, de Thoutmosis III, de Semenkharê de Toutankhamon et d'Akhenaton.

– J'aurais préféré plus d'ordre dans cette pièce qui est la première de la sépulture. Lorsque l'on descend ce long couloir on arrive, tout d'abord, ici.

– Reine, quand cette pièce sera murée comme le souhaite le divin Père Aÿ, personne n'y pénétrera plus jamais. Nous ajouterons les derniers objets avant de la fermer.

– Le roi doit vivre dans un lieu décent. Cette tombe est si petite qu'elle ne conviendrait à aucun pharaon. Seul un fonctionnaire pourrait s'en contenter. Combien y a-t-il d'objets ici ?

– Dans cette seule pièce, Aÿ en a fait placer plus de cent cinquante, répondit un scribe qui venait de les rejoindre et qui tenait dans sa main la liste que lui avait fournie Aÿ.

– Et il comptait en mettre combien ?

– Plus de cent soixante et onze.

– Quel dommage de devoir démonter ces chariots en or pour les jeter contre ce mur. Ces roues et ces morceaux de caissons empilés les uns sur les autres ne représentent plus rien !

Anbkhesenamon se revit l'espace d'un instant aux côtés de son époux pendant la cérémonie qui les avait accueillis à Thèbes.

– Mettez cette coupe en albâtre en forme de lotus ici ! dit la reine en détournant le regard pour qu'on ne vît pas ses larmes. Cette coupe ornée de bouquets et de génies est l'une de mes préférées. Je veux la voir près de Toutankhamon.

Elle avait fait graver sur l'objet magnifique : « Que ton âme vive éternellement ! Que tes yeux voient le bonheur pendant des milliers d'années. Il te suffira, toi qui as apprécié Thèbes, de t'asseoir et de regarder vers le vent du nord. » Elle plaça elle-même la coupe près de la tête de Toutankhamon sortant d'un lotus en bois stuqué.

Les coffres avaient des couvercles en forme de triangle. D'autres étaient légèrement rebondis. En roseau, en bois, en ivoire ou en ébène, ils mentionnaient ce qu'ils contenaient : des bijoux, des vêtements, des vases à libations.

Ankhesenamon avança vers une statue devant laquelle avait été déposée une boîte en bois peinte de scènes de chasse. Elle se rappela leur complicité quand ils partaient chasser ensemble dans le Delta.

Sur la boîte était indiqué : « sandales du roi ». À côté se trouvait un coffre rempli de « vêtements du roi enfant », une boîte pleine de « bagues d'or constituant le trésor funéraire de Toutankhamon ». Plus loin, un chevet, des robes, des tabourets, des chasse-mouches en or, en ébène, en turquoise et en lapis-lazuli, des coffrets pleins de maquillage faits en roseau, des porte-torches, des coupes à huile, des mesures, des sceptres et des instruments de musique.

– Je crois que rien n'a été oublié, constata la reine en découvrant avec beaucoup d'émotion les gants de son mari.

Elle était tellement habituée à le voir enfiler ses gants avant de s'emparer des rênes de leurs chars en or qu'elle manqua défaillir.

– J'aurais voulu les garder auprès de moi, murmura-t-elle. Mais comment conduirais-tu ton véhicule dans l'Au-Delà, mon cher Toutankhamon ? Jamais tu n'as saisi les rênes sans te protéger les mains. Tu ne supportais pas la transpiration. Tu étais semblable au soleil lorsqu'il brillait quand tu t'élançais sur ton cheval.

Un serviteur referma un grand coffre qui contenait une trompette ornée des images d'Amon, d'Horakhty et de Ptah, une passoire à vin et des sistres en bois doré assez usés. La reine demanda à un jeune Égyptien de placer dans un coin les cannes à bout recourbé représentant les ennemis du roi, Asiatiques ou Nubiens.

– Ne les laisse pas au milieu de ces pièces. Elles sont encore plus dangereuses à l'entrée.

– Reine toute-puissante, intervint le scribe, tu oublies encore une fois que ces pièces seront fermées et que personne ne risque de s'entraver dans ces cannes.

– Agis comme je l'ai dit. Je préfère mettre ici ce coffre rempli de linges et d'étoffes et surtout cette chapelle qui protège nos deux statues.

– Elle est très encombrante. Il faudrait démonter le dais et le placer dans l'antichambre.

– Je suis d'accord. Mettons également ces statues du roi au visage noirci de chaque côté de l'antichambre.

Hormis le corps de Toutankhamon entièrement noir, le pagne, la coiffure, les sandales, les bijoux, la lance et le sceptre étaient en or. La jambe en avant, la taille aussi grande que nature, Toutankhamon paraissait en vie tant les statues étaient belles et fidèles à leur modèle. Ankhesenamon essuya son visage.

– La reine est fatiguée, constata le scribe.

– Mais le travail n'est pas terminé.

– Le divin Père Aÿ te prie de venir le rejoindre pour plaire aux invités qui réclament leur souveraine bien-aimée.

– Dis-lui que je resterai ici tant que les objets ne seront pas tous déposés dans ces pièces. Il le sait déjà. Inutile de me déranger.

– Mais la reine ne peut rester ici toute la nuit !

Un simple regard d'Ankhesenamon dissuada la scribe d'en dire davantage. Il se courba, la main sur la poitrine, et se retira.

– Ces boîtes contiennent des offrandes d'animaux, expliqua l'un des serviteurs en désignant les coffrets blancs que l'on apportait par dizaines dans la tombe. Il y en a près de cinquante.

– On va les répartir dans la sépulture. Quant à cette magnifique chapelle plus haute qu'un homme et large comme deux, on va la placer dans la chambre funéraire.

– C'est impossible ! La grandeur de la chambre serait tout juste suffisante pour abriter cette chapelle en or ! Comme plusieurs chapelles sont emboîtées les unes dans les autres, nous pourrions garder la plus petite.

– Elles ont toutes été fermées avec le sceau royal et la plus grande est aussi la plus travaillée, en or et en pâte de verre couleur lapis-lazuli. Je ne veux en aucun cas que s'abîment ces gigantesques boîtes.

– On ne verra plus le pharaon en Osiris qui se trouve sur le mur juste derrière la chapelle.

– Couchez ces avirons sur le sol. Nous marcherons dessus avec délicatesse. Enlevez vos sandales. Si Aÿ n'avait pas choisi cette tombe ridiculement petite, nous n'aurions pas tous ces problèmes. Pour la peine, son visage sera caché par les meubles et les armes de mon mari. Je ne regrette plus de ne pas apparaître sur ces murs définitivement dissimulés par des objets ayant appartenu à Toutankhamon et à moi-même.

Ne comprenant guère les réflexions de la reine, les serviteurs exécutaient ses ordres à la lettre avec agilité et application. Ils ne cassaient aucun objet et dépoussiéraient certains d'entre eux.

– Reste-t-il encore beaucoup de meubles à l'extérieur ?

– Non, reine. Nous en aurons bientôt fini.

Elle réclama une coupe de vin et s'assit sur un tabouret en roseau.

– Je suis lasse, il est vrai. Mais jamais je ne t'abandonnerai, Toutankhamon. Toi seul as deviné mes intentions. Pourquoi n'ai-je pas de réponse du Hatti ? M'aideras-tu à me remarier avec un homme bon qui respectera tes ancêtres ? Plutôt que d'épouser un Égyptien ennemi de ta politique, je préfère mourir. Je dois aussi penser à notre fille et la protéger. Tes amis m'aident et me soutiennent. Auront-ils suffisamment de pouvoir pour me protéger des ambitieux et des traîtres ? Tout était si parfait et si stable ! Aujourd'hui, la situation est différente. On a peut-être essayé de t'assassiner. On va menacer notre famille. J'ai l'impression de vivre un cauchemar.

Comme les serviteurs recommençaient leur défilé, elle se tut et but son vin.

– Le scribe avait raison. J'ai l'impression que ce dépôt d'objets n'en finira jamais !

Ankhesenamon posa sa main sur le sarcophage de son époux.

– Gloire, Vie et Santé dans un monde meilleur ! dit-elle en levant sa coupe. À ton *ka*, mon cher époux. Tu me vois devant toi sale et fourbue. Ma tunique de reine ressemble au vêtement d'une paysanne. J'ai ôté ma couronne pour être à l'aise. J'ai le visage et les cheveux noircis par la poussière que j'ai répandue sur moi en signe de deuil. Les pleureuses sont rentrées chez elle. Mais moi je veux surveiller jusqu'au bout le travail de ces hommes qui entrent et sortent de cette tombe.

La voyant recueillie, les serviteurs se gardèrent d'entrer dans la chambre funéraire.

– Toutankhamon bien-aimé, je veux que tu sois heureux dans l'Éternité. Je m'en voudrais d'oublier l'un de tes objets familiers. J'ai tout recensé. J'ai pensé à tout. J'ai refait les gestes que nous faisions ensemble. Tes perruques, tes bijoux, tes jeux, tes parasols, tes éventails, tes armes, tes chars sont là. Comme les ouvriers n'ont pas encore muré ces portes, j'aurais le temps d'ajouter un objet ou deux si je les ai oubliés. J'ai même mis sur la liste ces meubles que tu n'utilises qu'en déplacement, un lit pliant et un tabouret.

La reine regarda ses sandales couvertes de poussière. Sa peau saignait légèrement.

– Je me suis écorchée et je ne m'en suis même pas rendu compte ! Tu vois, Toutankhamon combien j'étais préoccupée par ton bien-être !

– Reine, il faut t'interrompre, dit le scribe en revenant vers elle.

– Ne t'avais-je pas donné un message pour Aÿ ?

– Je le lui ai donné mais le divin Père insiste.

– Sors et laisse-nous travailler, scribe ! Si tu insistes encore tu seras puni !

– La reine est blessée.

– Puisque tu veux te rendre utile, va chercher le médecin et demande-lui d'apporter quelques étoffes en lin pour envelopper mes pieds. Ce sera suffisant pour l'instant.

– Il faudrait mettre un désinfectant et un onguent pour cicatriser...

– Serais-tu le petit frère de Moïse ? Tu ne comprends pas le sens de mes paroles ?

– Je reviens tout de suite, reine.

– Fais venir le médecin et reste avec les autres invités !

Ankhesenamon tenta d'enlever ses sandales. Elle poussa des gémissements en décollant ses doigts de pieds de la semelle ensanglantée.

– Ce n'est pas grave. Du linge fin suffira pour me protéger le côté des pieds.

Le médecin n'entra pas dans la tombe sans provoquer de nombreuses questions. Les invités les plus sobres interrogeaient le Père divin du regard et guettaient ses impressions. « Allait-on perdre la reine après avoir vu partir son époux ? » Mais le sourire éclatant d'Aÿ que l'on considérait déjà comme un pharaon rassura toute l'assemblée.

Houy et Moïse étaient les plus inquiets des fonctionnaires.

– Que se passe-t-il encore ? demanda Houy à Maïa qui le pria de se calmer et d'oublier Ankhesenamon.

– La reine se porte bien. Elle a une petite écorchure aux pieds. Tu ne vas pas t'inquiéter à chaque fois que l'on parle d'elle ! Maîtrise-toi car la cour s'interroge au sujet de vos fréquentes rencontres et de vos nombreuses discussions privées.

– Les courtisans ont des langues plus longues que celles des vaches. Ils parlent plus que les merles et jacassent plus que des animaux de basse-cour ! Je n'ai cure de leurs inventions et de leurs propos vipérins.

– Prends garde à toi, Houy.

– Moïse n'est pas moins inquiet que moi.

– Mais il est au service de la reine.

– Comme moi.

– Tu es vice-roi de Koush. Tu ne sers pas la reine directement.

– Je suis son serviteur dévoué.

– Ne joue pas sur les mots. Tu as compris mon discours. Sois prudent. Aie confiance en moi. Je te dis que la reine se porte bien. Elle est un peu lasse car la journée a été éprouvante à plus d'un titre. Mais elle nous rejoindra bientôt. Laisse-la avec son époux. Elle arrange sa demeure d'éternité. N'est-ce pas normal ?

Houy suivit des yeux le médecin qui entrait dans

la sépulture avec quelques-uns de ses instruments. Il avait pris avec lui des pots à onguents et des décoctions de plantes, autant de produits qu'il emportait régulièrement lorsqu'il rejoignait les ouvriers sur un chantier.

– Pourquoi n'appelle-t-on pas les médecins du roi ?

– Mais ce Crétois réputé est médecin ! Aÿ ne jure plus que par lui. Il a même fait revenir d'Akhetaton sa sœur qu'il croyait morte ! Il connaît les plantes comme personne.

– Je me souviens qu'Ankhesenamon m'en a parlé. Son histoire est extraordinaire !

– La reine est donc entre de bonnes mains. Crois-moi ! Elle a connu bien d'autres épreuves !

Houy aurait voulu se confier à une personne de la cour. Mais, hormis sa sœur, responsable du harem thébain qui avait compris son attachement pour la reine et qui pleurait son amour perdu, Houy n'était entouré que de fonctionnaires et de prêtres retors et ambitieux. Il regrettait que ses frères aient dû rejoindre le pays de Koush et que sa mère n'ait pu venir assister à l'enterrement.

– Je suis désespéré de n'avoir pu aider davantage mon ami Toutankhamon à s'installer dans sa vie de l'Au-Delà.

– Tu lui as fait des cadeaux somptueux.

– Tout cela est si peu... Je redoute aussi les pilleurs de tombe. Toutankhamon souhaitait une sépulture plus retiré. Il craignait les visiteurs...

– Nous ferons surveiller les tombes nuit et jour. Le Père divin en a donné l'ordre formel. Tous les gardes seront armés et accompagnés de bêtes sauvages qu'ils tiendront en laisse. Au moindre bruit suspect, les fauves seront lâchés.

– Rien n'a jamais empêché les pilleurs de tombes de pénétrer avec astuce à l'intérieur des tombeaux.

– Je doute qu'ils y parviennent cette fois-ci. Toutankhamon sera à l'abri et la reine veillera sur lui. On raconte même que ses parents reviendront à Thèbes d'ici peu.

– Que dis-tu ?

– Le divin Père Aÿ qui adorait sa fille ne la laissera pas seule à Akhetaton aux mains des pillards.

– Les prêtres d'Amon sont-ils au courant ?

– Non. Le Père divin choisira le bon moment pour mettre son plan à exécution.

– Comment sais-tu tout cela, Maïa ?

– Parce que mon cher Toutankhamon que j'aimerai jusqu'à la fin de ma vie terrestre m'a tout raconté. C'est une idée à lui.

– Elle ne peut être que bonne. Je comprends pourquoi mon ami te chérissait tant. Tu es astucieuse, intelligente, aimante et attentionnée. Tu étais indispensable à Toutankhamon.

– Je vais maintenant me sentir bien seule...

– Ton nom sera à jamais lié à celui du roi.

XIX

Les serviteurs descendaient maintenant dans la tombe des statues originales d'animaux dissimulées sous des étoffes en lin et des lampes en albâtre où se mêlaient des fleurs et des feuillages.

– La lampe qui nous avait été offerte pour notre nuit de noces, remarqua Ankhesenamon. Quand on l'allume, le décor qui se trouve à l'intérieur apparaît.

– Veux-tu garder cet objet, maîtresse ? demanda un porteur plus âgé qui dirigeait les manœuvres.

– Je ne sais... Elle me rappelle tant de souvenirs.

La reine revit le roi se coucher près d'elle et l'enlacer. Elle avait tant attendu cet instant. Après avoir été mariée à son père et avoir épousé Semenkharê par devoir, elle était enfin unie à celui qu'elle aimait. Les maladresses du jeune Toutankhamon l'avaient attendrie. Elle excusait les caprices de son mari, les exigences du jeune roi, les erreurs d'un souverain qui manquait d'expérience. Mais, peu à peu, entre eux et le peuple s'était créée une incroyable complicité. Elle était aussi heureuse dans la couche de Toutankhamon que lorsqu'ils partaient ensemble chasser dans les marais ou galoper dans le désert.

– Il y a ici tellement de lampes en albâtre. Tu pourrais conserver celle-là.

– Mais elle manquerait à Toutankhamon car il la faisait éteindre tous les soirs avant de s'endormir ou de...

La reine s'interrompit.

– Je ne peux mettre cet objet sur ma table de chevet sans être profondément troublée. Mieux vaut cacher ce qui me rappellera à chaque instant les merveilleux moments que nous avons passés ensemble. Je dois songer à l'Égypte, à ma fille et à ma prochaine union.

Ankhesenamon soupira profondément et laissa le médecin qui l'avait rejointe bander ses pieds.

– Reine, j'aimerais te conseiller, lui dit le Crétois. Je comprends que tu te sentes obligée d'assister à ce travail. Tu es éreintée et je te supplie d'aller te restaurer. Bois aussi cette coupe d'eau miellée qui te fera le plus grand bien et qui te redonnera des forces. Tu reviendras demain.

– Il est impossible de laisser des objets de cette valeur dans la Vaste prairie. Ils seront dérobés.

– Allons, reine bien-aimée, les voleurs ne se manifestent pas devant une armée de gardes.

– Moins on verra ces meubles en ivoire, en or,

en ébène ou en pierres semi-précieuses, plus ils seront ensuite en sécurité. Ne réveillons pas la convoitise des uns et des autres.

– Aÿ et Horemheb vont placer à l'entrée de la nécropole des soldats efficaces. Personne n'accédera aux tombeaux royaux. Tu pourras ainsi poursuivre ce travail dès demain. Tes pieds auront désenflé et tes écorchures seront cicatrisées. Je vais mettre dessus un baume très hydratant et très efficace.

– Crétois, je te sens triste...

– Si tu savais, reine, combien je regrette d'avoir échoué dans ma mission.

– Tu as bien travaillé. Je te remercie d'avoir soulagé le roi. Grâce à toi, Toutankhamon ne souffrait presque plus.

– Mais je n'ai pas réussi à le guérir.

– Aÿ ne t'avait pas demandé de réaliser des exploits mais de soulager notre cher Toutankhamon.

– J'étais très attaché au souverain.

– Ta famille nous a beaucoup servis. Je t'écouterai donc. Sache, cependant, que je vais terminer ma tâche. Nous allons faire accélérer la cadence. Au lieu de m'attarder sur chaque objet et de lui trouver une place précise, nous les déposerons le plus délicatement possible dans ces différentes pièces.

– Voilà une sage décision.

La reine appela tous les porteurs et leur ordonna d'aller plus vite.

– Je veux moi aussi goûter aux mets préparés à l'occasion de l'enterrement du roi !

– Veux-tu que je reste auprès de toi ? demanda le Crétois.

– Non. Le sang ne coule plus.

– Je te conseille de ne pas remettre tes sandales tout de suite.

– Crétois, tes conseils et ta douceur m'ont fait du bien. Je m'en souviendrai.

Des rires fusaient de plus en plus nombreux. Les mets défilaient : cailles farcies ; fruits à profusion ; sauces onctueuses et parfumées ; gibier ; légumes présentés avec art et goût. Certains invités participaient même à des jeux d'adresse. Les acrobates étaient arrivées. Grecques ou égyptiennes, elles accomplissaient des exploits qui soulevaient l'admiration de tous. Les musiciennes avaient choisi des hymnes louant le pharaon défunt. Harpistes, flûtistes, joueuses de castagnettes, elles interprétaient leurs airs avec grâce et délicatesse.

– Je vais trouver la reine, dit Aÿ à Horemheb. Je juge son absence indécente pour les ambassadeurs qui se sont déplacés. Je ne veux pas un incident diplomatique !

Il demanda au Crétois des nouvelles d'Ankhesenamon.

– Elle est très lasse. Je crois surtout qu'elle se rend compte qu'elle ne reverra plus son époux et qu'elle refuse de le quitter. Quand on enterre un être cher, on a du mal à accepter la séparation.

– Voilà pourquoi j'estime que sa place est parmi nous !

– Puis-je te parler franchement ? dit le Crétois au Père divin en l'entraînant à l'écart.

– Évidemment, Crétois. J'ai toute confiance en toi. Ne t'en ai-je pas donné des preuves ?

– Laisse encore la reine seule avec Toutankhamon. Elle sera rassurée de voir que tout se passe bien dans la tombe du roi. Mais elle m'a promis de faire accélérer la cadence et de vous rejoindre.

– Je pourrais lui envoyer Houy ou Moïse à qui elle se confie facilement...

– Crois-moi, Père divin, elle m'a parlé en toute sincérité et je sais que notre discussion l'a apaisée. Elle va bientôt venir. Buvons et réjouissons-nous comme le veut la tradition.

Aÿ retourna à sa place et fit un rapport à Horemheb qui était plus détendu que le Père divin.

– Cesse donc d'espionner cette pauvre Ankhesenamon, dit le chef des armées. Elle n'est plus une petite fille.

– Je ne le sais que trop.

– Qu'entends-tu par là ?

Aÿ ne répondit pas. Après un court silence, il ajouta :

– Je souhaiterais que Moutenejmet et Maïa soutiennent toutes les deux la reine pendant les semaines qui vont suivre.

– J'en parlerai à Moutenejmet. Mais l'aide de ta femme sera également très précieuse.

– Je doute que Tii soit la compagne idéale...

Horemheb s'étonna de sa réponse.

– Ankhesenamon l'apprécie beaucoup. Je ne comprends pas...

– Tii va devoir accepter la présence d'Ankhesenamon à mes côtés, répondit Aÿ. Demain, je serai pharaon.

Horemheb faillit laisser tomber sa coupe de vin à terre.

– Que dis-tu ?

– Je porte déjà la couronne du royaume.

– Je l'ai constaté. Mais cela ne signifie pas que tu es devenu roi.

– Je le serai bientôt avec les encouragements de ma petite-fille qui a besoin d'un mari.

– D'un mari pas d'un vieillard.

– Garde ta morgue et respecte le nouveau roi, répondit Aÿ en se redressant. Tu dépendras de ma seule autorité et tu me devras le respect.

– Ce jour n'est pas encore arrivé. Je doute que les prêtres et l'armée te soutiennent. Quant au peuple ! Jamais les soldats ne te salueront comme un pharaon.

– Les Grands prêtres sont tous des amis de longue date.

– Il n'y a pas d'amis lorsqu'un tel pouvoir est en jeu.

– Tu ne m'apporteras donc pas ton aide ?

– Non. L'armée ne te suivra pas et sans elle tu n'arriveras à rien.

– Nous en reparlerons, Horemheb. Prends garde à toi !

– Tu ne me fais pas peur, Aÿ. Je te connais depuis trop longtemps pour te laisser ainsi une place qui m'est due.

– Tu te révèles enfin ! dit Aÿ. Tu as songé toi-même à devenir roi ! Mais tu es très mauvais politique. On ne traite pas des affaires avec des armes !

Comme le ton montait et que les convives les écoutaient, Horemheb l'invita à plus de modération.

– Aÿ, je ne te reconnais plus. Ta petite-fille non plus. Tu étais dévoué et attentif au bien-être de ta famille. Tu es âgé et tu ne devrais plus penser qu'à ta sépulture. Or, tu nous montres, depuis la mort de Toutankhamon, un visage nouveau que nous ne connaissions pas. Je suis sûre qu'Ankhesenamon est déçue par ton attitude. Elle raconte à qui veut l'entendre que tu l'as volontairement oubliée sur les murs de la tombe royale.

– Je chéris Ankhesenamon et elle le sait. J'ai mes raisons pour l'avoir omise des scènes de la tombe.

– Je voudrais les connaître ! Jamais une Grande Épouse n'a été à ce point oubliée !

– Ne me cherche pas querelle, Horemheb. Ankhesenamon figure sur presque tous les meubles qui ont été déposés dans la tombe de Toutankhamon !

– Tu es également en bonne place ! Tu es même représenté face au roi et tu resplendis de jeunesse alors que tu es vieux !

– Nous reparlerons de tout cela à une autre occasion. L'Égypte n'a plus de roi et personne n'est capable de succéder à Toutankhamon.

– Je vois au moins quelques fonctionnaires et le chef des armées.

– Quels fonctionnaires ? Houy ? Moïse ? Panéhésy ? Hornéfer ? Les amis d'enfance de Toutankhamon ?

– Pourquoi pas ?

– Ils accomplissent leur travail avec zèle et nous n'avons rien à leur reprocher, mais diriger un pays réclame de l'expérience, de la diplomatie, de la sagesse, du charisme...

– Tu possèdes, bien entendu, toutes ces qualités.

– Je le crois sincèrement.

– Que les dieux te punissent pour ton orgueil ! Toi qui jouais les humbles, les serviteurs dévoués, les grands-pères attentifs et aimants. En réalité, tu convoites le trône...

Horemheb regarda le Père divin avec horreur. Conscient que leur discussion était en partie écoutée même si les invités parlaient fort, il murmura presque :

– Depuis quand veux-tu le pouvoir suprême ?

– Et toi ? demanda Aÿ avec ironie.

Le chef des armées rougit.

– J'estime normal que mon travail soit récompensé. Si je n'avais pas été là, l'Égypte disparaissait. Nos ennemis coalisés auraient mis la main sur elle. Nous serions morts depuis longtemps. Les Libyens, les Asiatiques ou les Nubiens régneraient en maître. Les Hittites auraient peut-être rasé toutes nos maisons.

– Je le reconnais volontiers. Toi aussi tu as accompli ta tâche et ton devoir.

– Comment oses-tu parler avec une telle arrogance ? Tu te prends vraiment pour le roi !

– Fais-toi à cette idée car elle deviendra bientôt réalité, répondit calmement Aÿ en réclamant à manger et à boire. Je suis heureux, Horemheb. Toutankhamon a rejoint l'Au-Delà grâce à moi et je lui souhaite tout le bonheur possible. J'ai pris la décision d'aider ma petite-fille malgré elle. Mais elle m'en remerciera. Qui d'autre pourrait la soutenir ? Nous n'avons plus confiance en qui que ce soit. Des meurtriers rôdent dans le palais et tu ne les as toujours pas arrêtés. Les fonctionnaires complotent. Ceux qui assistent aujourd'hui à l'enterrement du roi sont peut-être impliqués dans son assassinat. Prendrait-ton le risque de mettre sur le trône le meurtrier de Toutankhamon ?

– Je me demande si ce complot ne facilite pas le déroulement de tes affaires.

– Qu'entends-tu par là ?

– Je préfère me taire, Aÿ.

Le Père divin mit un terme à cette discussion et

plaisanta avec les Grands prêtres de Karnak et d'Abydos.

– Osiris a retrouvé sa splendeur ! Toutankhamon lui-même est devenu un Osiris.

Les prêtres d'Abydos, délaissés sous Hatchepsout et sous Akhenaton, n'avaient pas toujours été considérés comme il se devait. Aussi étaient-ils satisfaits, à l'instar des prêtres d'Amon, de retrouver leur statut et d'exercer en toute liberté les rites en l'honneur d'Osiris.

– Le roi avait promis de restaurer le temple d'Osiris et de l'agrandir.

– Les ouvriers ont commencé les travaux...

– Ils continueront, soyez-en sûrs ! J'y veillerai personnellement et je me rendrai moi-même à Abydos.

– Nous en serons honorés.

– Je vous sens rassurés et j'en suis content car vous paraissiez douter des intentions du roi.

– On nous a fait tant de promesses qui n'ont jamais été tenues !

– Ce temps est définitivement révolu !

– À quel titre iras-tu à Abydos, Aÿ ? demanda Horemheb. En tant que prêtre d'Amon, que conseiller de la reine, que Père divin ou que pharaon ?

Mais Aÿ fit mine de ne rien avoir entendu. Réconforté par les propos de la reine, il n'attendait plus que le jour de son sacre.

XX

La reine garda la reproduction du voile jaune orné de marguerites en bronze aux reflets dorés dont l'original recouvrait maintenant l'une des chapelles. Celle-ci était décorée de piliers *djet*, de hiéroglyphes et de dieux infernaux.

– Les cannes en or, en argent et en pâte de verre, dont l'extrémité représente le roi Toutankhamon, ont été déposées près de cette première chapelle, dit la reine.

– C'est exact. Il y avait aussi un récipient en albâtre où se trouvent les deux représentations du Nil, symboles des deux Égyptes.

– Celui où étaient également réunis les deux serpents, signes de Haute et Basse Égypte ?

– Oui.

– Très bien ! C'est celui où notre couple a été peint. Et cet autre vase orné de scènes de chasse et de têtes de prisonniers noires et asiatiques parfaitement réussies ? En haut du vase, un lion à la langue tirée et au front plissé, plus vrai que nature, m'a toujours plu.

– Nous avons pu trouver un emplacement près de cette chapelle.

– On a également ajouté une boîte en or et en verre polychrome avec le cartouche royal.

La reine avait retrouvé son enthousiasme.

– Dépêchez-vous ! Je dois absolument rejoindre mes invités.

Elle marchait les pieds bandés et avait retiré ses sandales.

– Bien ! Maintenant voyons quels objets on a pu mettre près de cette troisième chapelle...

– Des arcs, des flèches, des chasse-mouches.

– C'était en parfait accord avec ces scènes, une chasse d'autruches et le retour des chasseurs avec leur butin. Très bien ! Voilà une excellente suggestion ! Le Père divin a bien fait son travail.

– La quatrième chapelle est tout à fait différente. Elle doit contenir la cuve du roi en grès.

– En effet et pour honorer le nom et les titres du roi inscrits sur la cuve, nous avons fait un bon choix. Le premier sarcophage, le plus vaste, a bien été enveloppé d'étoffes ?

– Celui où le roi porte les attributs du pouvoir sur sa poitrine ?

– Oui. Nous redoutions que le second ne réussît à rentrer dans le premier mais tout était parfaitement calculé.

– Il s'agit de celui qui est recouvert de lotus, de feuilles d'olivier et de saule ?

– Exactement.

– Crois-tu que le lit résistera à un tel poids ? Il doit soutenir les trois cercueil et le corps du roi.

– Le plus lourd est en or. L'or et les cent quarante-trois bijoux du pharaon sont également d'un poids étonnant. Mais je suis convaincu que ce lit en bois doré résistera sinon il aurait déjà plié.

– Les protecteurs sont dans leur niche ?

– Oui. Au sud, se trouve le pilier *djet*, à l'ouest le chien Anubis, au nord, le génie et à l'est Osiris.

La reine passait de salle en salle avec une grande volubilité malgré ses écorchures qui se remettaient à saigner et les objets qui encombraient tous les passages.

– Je vérifie une dernière fois la salle où ont été déposés les objets du culte les plus importants.

Ankhesenamon se baissa pour y pénétrer.

– Cette entrée sera protégée par des formules magiques.

– Anubis sur ce grand coffre et ce brancard...

Elle prit elle-même une étoffe et en recouvrit le corps du chien en laissant la tête noire et luisante visible.

– Il s'agit d'un tissu qui a été travaillé dans les ateliers de mon père, dit-elle.

Elle apprécia le collier de fleurs bleues et l'écharpe d'Anubis.

– La palette de ma sœur chérie Meritaton avec

des bijoux, des amulettes... La voilà pour toujours entre les pattes d'Anubis.

Mais la reine retint ses larmes et se glissa derrière le chien divin.

– Des vases et ces coupes qui ont servi aux rites funéraires... Cette tête de vache en bois doré dont le cou est entouré d'une écharpe et les vases canopes sur ce traîneau tous ornés d'hiéroglyphes protégés par les déesses Neith, Isis, Selkit et Nephtys...

Ankhesenamon regarda une dernière fois la tête de Toutankhamon au sommet de ces vases. Il portait le vautour et le cobra à son front.

– Les viscères du roi se trouvent dans les petits sarcophages.

– Bien entendu.

– Nous pouvons peut-être refermer le coffre en bois qui protégera ces vases.

– Oui.

L'un des serviteurs consulta le papyrus sur lequel Aÿ avait formulé ses instructions. Il détailla les différents points qui venaient d'être abordés avec la reine puis il en vint au mur situé au sud là où avaient été posés des *naos* en bois noir. Presque tous ces *naos* avaient été hermétiquement fermés.

– L'un des *naos* est resté ouvert, dit-il à Ankhesenamon qui le suivit jusqu'à la statue qui se trouvait à l'intérieur.

Celle-ci, en bois doré, disposée sur un fauve, attendait son sort.

– Il faut absolument l'entourer d'un voile en lin comme le sont la plupart des figurines, précisa la reine.

– Apportez-moi une étoffe en lin !

Le serviteur fit lui-même le travail.

– C'est parfait, lui dit la reine en l'encourageant. Laissons donc cette porte ouverte. Toutankhamon pourra ainsi contempler cette statue exceptionnelle.

– Es-tu sûre de le vouloir ? Toutes les autres portes sont scellées !

– Oui.

Dans tous les *naos* se trouvaient des figurines du roi ou de dieux en bois doré ou noirci avec de la résine.

– Combien y en a-t-il ? demanda la reine.

– En tout, sept statues du roi et vingt-neuf représentations des dieux occupent ces espaces.

La reine ne parvenait plus à détacher ses yeux du regard incroyablement expressif de la figurine noircie. Toutes ces statues avaient les yeux en obsidienne, en albâtre, en pâte de verre d'une couleur fabuleuse.

– Mets-lui ce collier et cette couronne d'olivier, dit Ankhesenamon. J'ai l'impression que cette image va renaître et me toucher.

– Le sculpteur a eu raison d'utiliser le bronze et le verre pour créer les yeux.

– Thoutmès est remarquable.

– Aÿ propose de placer sur ces *naos* les bateaux

de toutes sortes. Il y a des navires avec des kiosques ou des chapelles.

– Place le plus beau, celui qui a un grand mât et une cabine colorée, ici. Qu'y a-t-il dans ces coffres noirs ?

– De la terre dans laquelle on a placé du blé pour qu'il germe et donne des Osiris. Dans le plus imposant, je crois que l'on a mis des passoires pour préparer la bière et des moulins pour écraser les grains.

Non loin de là s'entassaient encore des dizaines de coffres. Certains, faits en marqueterie, étaient pleins de gorgerins ou de bijoux en or et en pierres semi-précieuses marqués au nom de Pharaon. Une autre boîte rouge couverte de hiéroglyphes et du nom de Toutankhamon bordée de noir et incrustée d'un ivoire miroitant sous les lampes contenait maints bijoux précieux : des boucles d'oreilles en or légèrement rougi, en lapis-lazuli, en or, en jaspe, en cornaline et en turquoise souvent ornées de scarabées ; des bracelets fabriqués avec une succession d'amulettes et de perles, tous entourés d'or ; des miroirs aux montants en or et en argent décorés de la croix de vie ; des pendentifs ; un baudrier. Quelques objets portaient le nom de Toutankhaton, d'autres celui de Toutankhamon.

– Montre-moi ce papyrus, dit la reine au serviteur qui paraissait le plus actif et le plus performant.

– Nous arrivons au but.

Elle lut le détail des bijoux, tous décrits avec beaucoup de précision.

– C'était absolument nécessaire pour ne pas tout mélanger.

– Je comprends. Les pectoraux avec scarabées, soleils, incrustations de pierres et amulettes sont suffisamment nombreux pour tout confondre.

La reine était entourée d'or, d'argent, de verre multicolore aux couleurs éclatantes, un travail digne des meilleurs orfèvres et menuisiers du monde.

– Nous enfermons là un trésor, dit-elle.

– Chaque pharaon a droit à des biens presque divins.

– Toutankhamon a été extrêmement gâté.

– Parce que sa cour possédait les plus grands des bijoutiers, des scupteurs et des peintres.

– Il est vrai que tant d'artistes sont réunis à Thèbes...

– Le roi peut être pleinement satisfait.

– Il le sera.

XXI

Un autre coffre blanc dont le couvercle n'était pas tout à fait plat contenait des sandales de cuir et des bracelets de chevilles en pierre semi-précieuse. D'autres boîtes en cèdre et en ivoire, ornées d'argent et d'or, sur des petits pieds en forme de pattes de lions noires rutilaient de dessins dorés représentant la croix de vie qui étaient si minutieusement faits qu'on aurait dit de la dentelle. Ankhesenamon savait que ce récipient contenait des flacons odorants, des miroirs protégés dans de petites boîtes adaptées. Un coffret en roseau où apparaissait le roi accompagné des dieux protégeait tout un matériel d'écriture digne d'un scribe : gobelets en ivoire, palette, calames et pains d'encre rouge et noire, étuis à calames et lissoir à papyrus.

Ankhesenamon fit déplacer très rapidement une boîte blanche sur le couvercle de laquelle se lisait une inscription très nette : « Défilé dans la chambre funéraire ».

– J'imagine que vous avez mis à l'intérieur du persea.

– Avec des plumes d'autruche de différentes couleurs et l'éventail du roi, lui aussi en plumes d'oiseaux au manche en ivoire articulé.

– Toutankhamon gardait toujours cet éventail avec lui. Il s'agit d'un objet précieux.

Tous ces coffres étaient ornés tantôt de Pharaon à la chasse, tantôt d'animaux du désert.

– Mettez les fouets dans le coin de cette pièce.

Ankhesenamon se résolut à envoyer un serviteur auprès de son grand-père.

– Dis au divin Père que je serai bientôt là et que je ne souffre plus des pieds.

– Bien, Maîtresse des deux terres !

Les serviteurs s'étaient remis à chanter pour s'encourager. Ils murmuraient des hymnes en l'honneur de Toutankhamon.

– Vous pouvez chanter plus fort ! leur dit la reine. Le roi a toujours apprécié les chants. Il était gai et heureux de vivre. Il aimait s'entourer de courtisans et d'un peuple satisfaits.

– Nous le savons, Vénérable. Voilà pourquoi tous les Égyptiens l'adoraient.

– Nous avons perdu un grand pharaon.

– Nous en sommes tous convaincus.

– Que reste-t-il à l'extérieur ?

– Peu de choses... des boîtes, des coffres et dix kiosques en bois. La plupart contiennent les ouchebti du roi.

– Je les avais oubliés. Mais comment vont-ils entrer ici ?

– Le pharaon ne peut vivre dans l'Autre monde sans ses ouchebti.

– C'est évident, dit la reine. D'autant que les artistes qui les ont réalisés les ont faits à l'image du souverain. Il s'agit bien des serviteurs qui laboureront, qui rempliront les coupes ou donneront au roi des cônes parfumés. Mais ces multiples statuettes rappellent Toutankhamon portant les attributs royaux. J'ai beaucoup apprécié le travail des orfèvres qui ont créé des statuettes en terre cuite vernissée. Jamais je n'avais vu de tels chefs-d'œuvre. Il faut impérativement placer tous ces ouchebti dans cette tombe. Nous pourrions peut-être les sortir des kiosques...

– C'est impossible, reine. Ils ont été rangés. Les cent treize ouchebti portent des inscriptions. Tout a été organisé.

– Ces serviteurs ont besoin d'outils pour accomplir leur tâche.

– Ils sont déjà en place.

– Allons-y ! Entrez donc les kiosques dans la sépulture.

Aÿ, qui avait remarqué que le défilé touchait à sa fin, considérait le message de sa petite-fille comme un signe encourageant. « Elle sera bientôt ma femme. Je savais qu'elle réfléchirait. Dès demain, je fixerai la date de notre union et je parlerai à Tii. Elle comprendra qu'elle doit s'effacer devant la reine. »

Mais Aÿ n'était pas au bout de ses surprises. Ne devinant pas son mari, Tii participait au banquet avec beaucoup de hauteur et de distinction. Elle n'oubliait jamais qu'elle avait été la nourrice de Néfertiti et qu'elle était devenue la femme d'un des principaux personnages de l'État, voire le premier. Tous les courtisans la respectaient.

La reine s'occupait alors des figurines offertes par les amis du roi et par le trésorier Maya ainsi que de la représentation d'Aménophis III enveloppée de lin qu'elle fit déposer près d'un autre sarcophage qui contenait une mèche de cheveux de la reine Tiyi.

– N'est-ce pas sa place ? La reine Tiyi a tant aimé son époux !

– Et ce grand coffre noir ?

La reine frémit car elle venait de reconnaître le coffre qui protégeait les sarcophages de ses deux enfants.

– Mets-les au sommet de cet amas d'objets, près de la boîte des vases canopes.

Ankhesenamon refusait de se lamenter davantage.

– Prends garde à ces sarcophages ! dit-elle seulement. Ils sont très fragiles. Je veux que mes filles, mortes avant leur naissance, soient proches de leur père.

Elle entra dans la petite pièce annexe de l'antichambre et lut les inscriptions des portes et des murs.

– « Le roi de Haute et Basse Égypte, Nebkheperourê, a fait représenter les dieux pour leur être agréable. En échange, ils lui donnent des libations et de l'encens tous les jours ». Ce texte est amplement justifié. « Nebhkeperourê a voulu faire peindre ou sculpter le dieu Osiris. Il s'est occupé de son temple avec soin. » Là encore, ces lignes sont exactes.

Elle cherchait l'inscription qui faisait allusion à la supériorité de Toutankhamon sur les ennemis de l'Égypte et la trouva facilement.

– Les quatre pays prisonniers de notre pays !

Dans cette petite pièce se trouvaient des lits en bois à pieds de fauves en or recouverts de paille, un trône en ébène et en ivoire. Certains sièges avaient des pieds en forme de tête de canard. D'autres pliants étaient en marqueterie. Amon et Aton y étaient tous deux représentés. Trônes recouverts d'or et incrustés de faïence ou de pierres, tabourets aussi splendides où l'on retrouvait les ennemis de l'Égypte, sièges plus ordinaires que le roi utilisait dans le parc du palais sur lesquels avaient été dessinées des plantes aux feuillages entrecroisés, coussins ornés de perles, tout avait été posé pêle-mêle.

– La reine souhaite-t-elle mettre un peu d'ordre ici ?

– Non, serviteur. C'est impossible. Si nous touchons un seul de ces objets, l'édifice va s'écrouler et les chaises se casser. Je me demande comment tout cela peut tenir ainsi !

Ankhesenamon remarqua deux meubles en ébène et en cèdre aux reflets auburn. Elle savait qu'ils contenaient des vêtements du roi. Les pieds en étaient assez hauts et une frise de croix ankh, de nœuds d'Isis et de piliers d'Osiris, aux pouvoirs magiques, préservaient le contenu du meuble.

– Je pense que les chevets du roi ont également été mis dans l'une de ces boîtes car je ne les trouve nulle part.

– Ils sont dans ce meuble avec les vêtements en lin. Il y a celui qui est décoré d'une scène religieuse, celui qui est orné du dieu Bès, celui qui est peint de têtes de canard.

– Et celui qui est en pâte de verre bleu ?

– Il est également là avec le chevet en faïence bleue.

– C'étaient les préférés du roi.

La reine regarda les étiquettes des jarres de vin disposées les unes à côté des autres et la boîte carrée qui protégeait l'une des coiffures du roi en or, en cornaline, en lapis-lazuli et en feldspath.

– Les kiosques arrivent...

Ankhesenamon soupira.

– Je crois que nous avons passé en revue les objets essentiels, ceux qui m'étaient chers, ceux qui ont été offerts par la famille royale et les amis du roi, ceux que Toutankhamon Horus d'or aimait. Le reste m'importe moins. Où as-tu déposé les sarcophages de mes filles ?

– Près de ceux de son père.

– Qu'elles reposent en paix et vivent heureuses puisqu'elles n'ont pas pu connaître la vie terrestre. Quel dommage ! Elles sont reparties avant même que nous ne les connaissions ! Je suis sûre qu'elles étaient merveilleusement belles.

– À l'image de la reine et du roi, répondit le serviteur zélé, troublé par la peine d'Ankhesenamon.

– Je sais au moins qu'elles seront à l'abri près du souverain qui les protégera dans l'Autre monde. Je suis rassurée. Désormais, elles ont toutes les deux une sépulture officielle car nous les avions mises dans la future tombe du roi en attendant de savoir où les enterrer.

– Reine, elles ne peuvent être dans un plus bel endroit.

– Les murs ne sont guère attrayants et la tombe est petite. Mais elles sont avec leur père.

Arrivaient alors les coffres à linge du roi lorsqu'il était très jeune, des boîtes à encens, des gommes, un jeu de senet en ivoire, des gants utilisés par Toutankhamon lorsqu'il tirait à l'arc, des bracelets ornés d'animaux sauvages, des bijoux en faïence aux noms d'Akhenaton et de son successeur Semenkharê qui avait disparu très tôt.

Ankhesenamon décida de sortir elle-même parler aux invités. Elle remit ses sandales et respira l'air tiède du désert. Elle était couverte de poussière. Ses cheveux étaient dépeignés et elle avait oublié sa coiffe dans la tombe. Aussi Aÿ se précipita-t-il vers elle dès qu'il la vit ainsi.

– Ma petite-fille, tu fais trop d'efforts. Viens prendre ta place. Tu dois présider ce banquet. Mais laisse les maquilleuses et les coiffeuses te rafraîchir et te peigner. Je souffre de te voir ainsi.

Moutenejmet et Maïa approuvèrent le Père divin.

– Tu as raison, grand-père. Tous les invités me regardent avec stupeur. Je dois ressembler à un acrobate couvert de maquillage ou à une pleureuse.

– En réalité, lui dit Maïa en lui prenant la main, tout le monde s'interrogeait sur ton état d'âme. Tu dois être si malheureuse...

– Le Crétois a su me parler. Je crois que Toutankhamon est heureux et que nous devons nous réjouir avec lui, devant son tombeau.

– C'est également mon avis même si je préférerais qu'il boive avec nous ce vin qu'il aimait tant !

La reine fut entraînée à l'écart par une dizaine de servantes qui la coiffèrent, lui mirent des fleurs dans les cheveux, lui rafraîchirent le visage et la remaquillèrent.

– Donnez-moi un miroir, dit-elle en tendant la main derrière elle.

Elle poussa un cri en se voyant ainsi.

– Je ne suis pas présentable !

Les servantes se mirent à rire.

– Reine, ne t'inquiète pas. Tu es très belle. Tu as beaucoup pleuré. Aussi tes paupières sont-elles gonflées. Mais nous avons des onguents et des pommades pour apaiser cette peau irritée et ces yeux rouges.

– Alors faites vite.

Un serviteur, porteur d'offrandes, s'avança vers elle.

– Doit-on continuer notre travail ? La reine souhaite-t-elle que nous l'attendions ?

– Non. Poursuivez votre tâche. Faites entrer tous ces coffres et disposez-les au mieux. J'irai ensuite contrôler une dernière fois si tout est parfait.

– Bien, reine.

Quelques instants plus tard, Ankhesenamon, qui avait été examinée par son médecin, rejoignit le banquet sous les acclamations.

– Te voilà magnifique ! lui dit Moutenejmet.

La reine réclama du vin et des oignons qu'elle se mit à grignoter comme une enfant, du bout des dents. Houy l'observait avec soulagement. Moïse était attentif à chacun de ses gestes.

– Je ne sais comment le Crétois a trouvé les mots justes pour me redonner courage, dit-elle à Aÿ. Tu sais décidément t'entourer des meilleurs médecins et des fonctionnaires les plus précieux.

– Ces choix font ma force.

– En effet. Mais tous ces hommes approuveraient-ils tes décisions ?

– Il le faudra bien.

– Ton autorité te détruira, grand-père. Pour régner, il faut être diplomate et généreux.

XXII

Le défilé des objets se poursuivait sans la reine qui était, cependant, attentive au déroulement des opérations et qui avait ordonné qu'on la dérangeât dès que nécessaire.

Des récipients en faïence bleutée du plus bel effet furent rapidement déposés dans une boîte. Une autre servit à protéger de la vaisselle d'un bleu plus foncé. Un serviteur rangea dans un coffre des boîtes décorées de scènes de chasse, des gants de Pharaon et deux tuniques en laine habilement tissées sur l'encolure desquelles apparaissaient très nettement les noms d'Aton et d'Amon. Les porteurs posèrent, tout d'abord, ce coffre à côté d'un sceptre en bois doré, sur un trône. Ces robes lithurgiques que le roi avait portées lors de cérémonies rituelles ou de sacrifices d'animaux trouveraient une place avec les objets sacerdotaux.

Un autre serviteur regroupait les armes de Pharaon qui n'avaient pas été descendues dans la tombe : de nombreuses flèches de formes diverses, des lances et des boomerangs que le roi utilisait avec Ankhesenamon dans les marais.

Les laissant envelopper et ranger ces précieux objets, la reine se tourna vers Houy et lui sourit pour le rassurer. Elle se doutait qu'il s'était inquiété pour elle.

– Le vice-roi de Koush retournera demain dans sa région, dit Aÿ en comprenant l'expression du regard de sa petite-fille. Je crois savoir qu'il est à Thèbes depuis très longtemps. Les Nubiens sont trop agités pour les laisser seuls.

– Mes frères veillent, répondit Houy un peu froidement.

– Il est préférable que tu sois là-bas.

– Bien, Père divin, répondit Houy. Si tel est...

– Je suis la reine de ce pays, vice-roi. Tu étais l'ami intime de Toutankhamon. Je te laisse tout le temps nécessaire pour honorer le roi défunt. Si tu veux venir te recueillir demain ou les jours suivants dans la Vallée, les gardes t'y accompagneront. Tu pourras également assister, demain, en ma compagnie, aux ultimes déménagements. Nous avons des nouvelles rassurantes de Nubie...

– Je le confirme, intervint Horemheb vers qui la reine se penchait et qui n'avait pas l'intention d'aider Aÿ.

– Les Nubiens sont calmes et payent leurs tributs.

– Ils n'oublieront pas leur défaite de si tôt !

– Houy peut donc rester ici plus longtemps ?

– Absolument si tel est ton désir, reine, répondit Horemheb.

– Maïa, toi qui connaissais bien mon époux et qui l'as nourri de ton lait, confirmes-tu qu'Houy était l'un des amis les plus chers de Pharaon ?

– Bien entendu. Tout le monde le sait !

– Grand-père, je te demande donc de respecter celui que tu as aidé à gagner l'Au-Delà. Tu affirmes depuis deux jours à la face des Égyptiens que tu adorais Toutankhamon et que tu lui souhaites une vie heureuse. Le séparerais-tu si vite de Hornéfer, d'Houy ou de ses autres compagnons ?

– Je ne pensais qu'à l'Égypte, répondit Aÿ, très agacé de devoir revenir sur sa décision.

– La présence des amis de mon mari qui me racontent parfois la vie de Toutankhamon dans son enfance me réconforte. J'en apprendrai plus sur celui que j'aime et que je n'oublierai jamais. Le peuple va également poursuivre cette période de deuil aussi longtemps qu'il le souhaitera. Quant aux fonctionnaires, qu'ils continuent à apporter des offrandes à Pharaon pour qu'il se réjouisse chaque jour.

Les invités s'étaient subitement tus en entendant la reine formuler ses volontés avec fermeté.

– Continuez à boire et à rire ! leur dit Ankhesenamon. Houy ! Goûte ce vin que tu ne connais pas et que la mère de Toutankhamon adorait.

Le vice-roi de Koush tendit sa coupe à l'échanson royal.

– Il serait bon, Houy, reprit Aÿ, que tu nous rapportes très prochainement de l'or de Koush. Tu avais fait de beaux dons à Toutankhamon.

– Je m'exécuterai dès que possible.

– Si tu repars un jour pour Koush... ajouta Aÿ non sans malice.

– Que veux-tu dire, grand-père ? demanda la reine avec aigreur.

– Houy serait un excellent fonctionnaire à Thèbes.

– Voilà pourquoi il nous est précieux à Koush.

– Je suis de cet avis, dit Horemheb. Rares sont les hommes qui savent se faire respecter dans cette région difficile à diriger. Houy est l'un des meilleurs.

– J'ai eu quelques maîtres remarquables comme Mérymès.

– Tu en es le digne descendant. Ce serait une erreur de te changer de poste d'autant que Toutankhamon t'a nommé en grande pompe et que tu nous a toujours donné satisfaction.

– J'ai servi Pharaon, reprit Houy, non ses fonctionnaires si hauts placés étaient-ils.

– Il me sert maintenant avec beaucoup de zèle comme en témoignent nos séances de travail quotidiennes.

Horemheb sourit si ouvertement en se moquant de la reine que son épouse le tança discrètement.

– Tu es irrespectueux. Qu'imagines-tu ? Je connais Ankhesenamon. Elle ne tromperait pas son mari pendant une période de deuil !

– Quand sera-t-elle donc infidèle ? demanda Horemheb.

– Tu racontes des horreurs pour m'irriter. Ne joue pas le jeu d'Aÿ.

– Loin de moi cette idée ! répliqua Horemheb en riant.

Les serviteurs entassaient alors des boucliers recouverts de peaux de félins qui semblaient neufs, des harpées et des bâtons, des boucliers votifs en bois sculpté comme de la dentelle qui représentait le roi en train d'écraser ses ennemis ou des fauves. Bien que de nombreuses cannes en bois doré et argenté aient déjà été déposées dans la tombe, un domestique en rassembla une dizaine d'autres. Certaines servaient à s'emparer des serpents. Le bout en était fourchu et reconnaissable alors que les autres avaient une extrémité arrondie. Un senet avec ses pions et ses osselets en ivoire fut déposé délicatement dans un coffre en ébène à côté de castagnettes portant le nom de la reine Tiyi.

Ankhesenamon se leva en voyant un petit bassin en albâtre orné de pâtes de couleur aux décors extrêmement raffinés le plus souvent dorés. Une barque dont la proue représentait une magnifique tête de bouquetin blanche, rose et noire avait été placée au centre. Sous un baldaquin sculpté au centre, se trouvait une cuve funéraire décorée de dessins floraux. Les noms du couple royal étaient visibles. À l'avant, une jeune fille, l'air mélancolique, accroupie et dévêtue, une perruque courte et frisée sur la tête, avait un lotus à la main. À l'arrière, une enfant manipulait le gouvernail du bateau.

Le domestique qui s'occupait de ce bassin fragile presque transparent le posa provisoirement près d'un coffre d'ivoire, d'albâtre et de pâte de verre où étaient une nouvelle fois peints Ankhesenamon et Toutankhamon dans un kiosque entouré de motifs végétaux. Scènes de chasse et de pêche enveloppaient l'image du couple royal. Ankhesenamon tendait à son jeune époux des lotus et des papyrus.

– Attendez ! dit la reine en se rapprochant des domestiques. Je vais peut-être garder ces deux objets...

Elle les contempla longuement et se souvint de ce jour où son mari lui avait apporté un magnifique bouquet de fleurs. Elle en avait fait couper les tiges pour faire voguer les fleurs sur l'eau du bassin.

– J'ai changé d'avis... dit-elle finalement. Descendez ce bassin avec le reste.

Elle revint auprès d'Aÿ tandis que les porteurs rangeaient les vases à onguents et à parfums qui avaient parfois servi aux pharaons précédents comme Thoutmosis III ou Aménophis III

– Que se passe-t-il ? demanda le Père divin.

– Rien. Il est difficile de voir tous ces objets disparaître.

Maïa s'approcha d'elle et lui prit le poignet.

– Pauvre Ankhesenamon, répétait Moutenejmet.

Les hommes, plus froids et plus calculateurs, ne songeaient qu'à l'organisation de l'Égypte sans oser en parler. Un roi était parti. Un autre arriverait.

Comme un messager étranger parvenait, essoufflé, jusqu'à la nécropole, Aÿ se leva brusquement. Ankhesenamon pâlit.

– Qui es-tu ? demanda-t-il.

– Le chef de la police m'a laissé passer car j'apporte une lettre urgente.

– Donne-la-moi...

– Je dois la remettre en main propre à Sa Majesté la reine.

– Tu es hittite. Depuis quand les Hittites viennent-ils parlementer avec les Égyptiens ? Que manigances-tu ?

Comme il comprenait mal son langage, Aÿ fit appeler un traducteur.

– Je ne suis qu'un serviteur du roi, répondit le messager en remettant une tablette au scribe de la reine.

– Nous la lirons plus tard, dit Ankhesenamon devant une assistance surprise.

– Allons, reine ! Cette lettre est peut-être une déclaration de guerre ! Qu'attendre d'autre des Hittites ? lui dit Horemheb en insistant.

– Peut-être souhaiteras-tu répondre, Majesté ? dit le héraut en se couchant devant elle.

– Je ne sais...

Comme tous les regards convergeaient vers elle et qu'un silence pesant avait succédé aux rires, la reine supplia Houy du regard de l'aider.

– Ce message peut être confidentiel, dit-elle en se penchant vers Horemheb. Imagine que les Hittites se montrent menaçants, je ne voudrais pas que le peuple s'inquiète. Inutile de le troubler pour rien. Je vais aller prendre connaissance de cette lettre à l'écart.

Avant même qu'Aÿ ait pu intervenir, la reine entraîna son scribe et lui demanda de déplier une petite table en bois qu'il emportait toujours avec lui.

– Continuez à rire ! Vous n'avez aucune raison de vous inquiéter ! Si jamais le roi du Hatti avait la très mauvaise idée de vouloir nous envahir, notre chef des armées le ferait taire ! Je doute, toutefois, que celui-ci soit suffisamment fou, après l'expédition du redoutable Horemheb en Asie, pour oser une quelconque incursion sur nos terres.

Le scribe se mit dans le creux d'une falaise et déplia sa table. Lui-même avait l'habitude d'écrire en tailleur mais la poussière ocre du chemin risquait de salir son pagne. Il déposa la tablette avec précaution et s'apprêta à traduire le message hittite.

– Écoute-moi, lui dit la reine avant qu'il ne commence. Je connais l'objet de cette lettre.

Le scribe se montra étonné.

– L'un de tes collègues m'a aidée à écrire au roi du Hatti il y a plusieurs semaines et j'aurais voulu garder cette correspondance secrète car elle est importante pour l'avenir de l'Égypte.

– Me laisses-tu entendre que je ne pourrai parler à quiconque de ce que je vais lire ?

– En effet. Jure-moi devant les dieux rassemblés que tu respecteras ta parole.

– La reine peut me faire confiance.

– Je n'ai guère le choix. Allons ! Lis ce court message car je crains que mon grand-père ne vienne nous rejoindre.

Le scribe déchiffra les caractères en cunéiformes et dit à la souveraine avec un air défait :

– « Le roi du Hatti à la reine d'Égypte. J'ai longtemps réfléchi à ta proposition car j'ai cru qu'il s'agissait d'une erreur ou d'une blague. Comment la reine d'Égypte envisagerait-elle d'épouser le fils de son ennemi ? Tu me demandes si je suis prêt à t'envoyer un prince pour qu'il se marie avec toi. Je le suis à condition que tu acceptes mon enquête. Je ne peux ainsi envoyer mes fils dans un territoire ennemi car je les aime. Mon messager hittite est donc chargé d'en savoir plus sur ce mariage. Je te prie d'accepter de répondre à mes questions, qu'il te transmettra. Dès que j'aurai ses réponses, je t'enverrai l'un de mes fils. Le plus beau. Salutations à toi, Reine. Que ton époux vive dans l'Éternité. »

La voix du scribe tremblait.

– Tu dois être surpris. La reine est très consciente de ce qu'elle fait et tu ne dois en aucun cas avoir peur.

– Je me tairai comme les carpes du Nil.

– Sinon tu seras puni. Appelle le messager hittite.

Le jeune héraut s'approcha. Le scribe traduisit ses paroles.

– J'ai compris ma mission, dit-il à la reine. Je repartirai dans quelques jours mais je dois auparavant m'assurer que les Égyptiens veulent la paix.

– Nous avons été si longtemps opposés que j'approuve ton attitude.

– Le général Horemheb ne nous a jamais épargnés !

– Et vous n'avez pas ménagé nos alliés ! Raser ainsi le Mitanni fut une nouvelle horrible pour les Égyptiens.

– Je le regrette, reine, et j'espère que l'union dont m'a parlé le roi permettra de faire une croix sur ces tristes années.

– Sais-tu que notre entretien doit rester secret ?

– Non. Mais j'agirai comme le veut Sa Majesté.

– Personne, à part vous deux et mon scribe personnel, n'est au courant de ma démarche. Je ne savais pas si elle aboutirait. Je reprends espoir aujourd'hui. Je ne veux pas épouser d'Égyptien.

Le Hittite fut surpris mais n'osa demander des explications à Ankhesenamon.

– Cette union est-elle essentiellement politique ?

– Ne pose aucune question. Je ne veux en aucun cas que vous parliez de ma démarche ici. Personne, absolument personne ne doit être au courant !

Les deux hommes jurèrent d'obéir.

– On va vous interroger. Dites que le roi m'envoie un message de paix et qu'il veut mettre défitnitivement fin à nos désaccords. Un traité de paix a été conclu autrefois entre l'Égypte et le Hatti. Comme il n'a jamais été respecté, il serait bon d'en conclure un autre que les deux parties respecteraient. Si le Père divin Aÿ ou le chef des armées Horemheb veulent voir cette tablette, faites en sorte de la cacher.

– Dois-je me rendre au palais de Sa Majesté ? demanda le messager.

– Si tu veux partager notre festin tu es le bienvenu. Nos fonctionnaires ne parlent pas ta langue. En revanche, la plupart d'entre eux comme moi en connaissent des rudiments car mon père tenait à ce que le cunéiforme devienne la langue utilisée dans les correspondances. Alors, prends garde à ne jamais évoquer la lettre. Dis seulement que le roi du Hatti nous adresse un message de paix.

– Bien, reine, dit le héraut en la saluant.

– Rejoins, toi aussi, le banquet et sourions. Il nous est arrivé des nouvelles agréables du Hatti !

Le scribe se courba.

– Que dois-je faire de cette tablette ?

– Va toi-même la détruire. Je vais mettre un char à ta disposition. Dès qu'elle sera brisée en plusieurs morceaux et que tu en auras fait marteler les caractères, ce qui ne devrait pas être long, reviens ici immédiatement.

– Ne crois pas, reine, que ce sera simple. Les Égyptiens vont se demander pourquoi je leur demande de marteler ce texte...

– Je ne t'ai pas dit d'employer des ouvriers pour faire le travail mais de le faire toi-même ! Tu es fort et tu es habitué à te servir de ces instruments pour effacer les textes quitte à réutiliser les tablettes.

– Que vais-je dire pour expliquer un tel acte ?

– Allons, scribe, manquerais-tu d'imagination ? Tous les hommes de ta spécialité sont les plus intelligents et les plus malins. Ton métier consiste à écrire toute la journée, à effacer des lignes pour en écrire d'autres.

– Mais ce travail est long...

– Tu seras récompensé pour l'avoir accompli en un temps très court. Ne discute plus ! Pars avec cette tablette. Fais attention de ne pas être suivi et détruis ce texte !

Comme la reine voyait Aÿ très préoccupé par son discours, la reine préféra donner une bonne garde au scribe.

– J'interdis à quiconque d'approcher le scribe tant qu'il n'aura pas terminé son travail. Est-ce clair ? dit-elle au chef de sa garde.

– Bien, reine, dit-il en se courbant devant elle.

– Je vous recevrai dès que les domestiques

apporteront les pâtisseries et que les danseuses se produiront autour des tables.

– Elles se préparent, répondit le scribe inquiet.

– Cesse de tergiverser ou de discuter. Pars vite et reviens encore plus vite !

La reine put ainsi retourner auprès d'Horemheb et d'Aÿ.

– Rien de grave ? demanda le chef des armées d'un ton faussement détaché.

– Non, bien au contraire, dit Ankhesenamon en s'asseyant et en réclamant des pigeons farcis.

– Qu'entends-tu par là ? s'étonna Aÿ.

– Le roi du Hatti nous envoie ses amitiés...

– Voilà qui est étonnant !

– Il a dû apprendre la disparition de Toutankhamon. Aussi tenait-il à se manifester.

– Je ne comprends pas comment le roi du Hatti est déjà informé de cette nouvelle...

– Allons, Père divin ! Tout se sait ! Il doit tellement redouter notre grand chef des armées qu'il préfère nous rappeler qu'il accepte ses récentes défaites.

– Il est clair que ce roitelet a peur de nous, répondit Horemheb en se redressant.

– Oublie ta superbe et ta prétention, lui répondit le Père divin. Cette démarche me paraît suspecte car elle n'est pas habituelle. Jamais, les Hittites ne se sont manifestés lorsque nous avons perdu un souverain. Je sens un piège...

– Qui tenterait de nous berner après avoir reçu la visite d'Horemheb ? répondit la reine. Voilà qui est insensé !

– Ankhesenamon a raison. Elle parle avec beaucoup de sagesse.

– Je crois, en effet, que les Asiatiques ont compris l'action du chef des armées une fois pout toutes, dit Moutenejmet.

– On a l'impression que vous me cachez tous quelque chose... dit le Père divin.

– Quelle idée ! répondit Moutenejmet. Le roi du Hatti t'envoie un message de sympathie et tu te poses mille questions.

– Que dit exactement ce message ? Où est-il ? Maintenant que tu en as pris connaissance, nous pouvons, nous aussi, le déchiffrer.

– Mon scribe l'a emporté pour y répondre au plus vite. Je ne veux pas que le roi se vexe.

– Il aurait pu attendre une demi-journée de plus !

– Son messager a été très vite ! Il a galopé à travers le désert et il doit rentrer sans tarder. Toutefois, je préfère l'inviter à passer quelques jours ici pour qu'il fasse à son maître un rapport favorable.

– Nous ne sommes pas les domestiques des Hittites ! Tout cela est insensé ! Si le messager hittite doit rentrer au plus tôt, pourquoi le retenir ?

– En fait, Grand-père, le roi hittite nous propose de respecter le traité de paix que nous avons autrefois conclu. Il serait bon d'en signer un nouveau...

– Pourquoi pas ? suggéra Horemheb. Nous dicterions nos conditions. Les Hittites paieront de lourds tributs pour réparer ce qu'ils ont fait à nos alliés !

– Est-ce bien là ce que souhaite le roi du Hatti ?

– Oui, grand-père. Voilà pourquoi, je veux que tout le monde soit satisfait. Je vais même offrir des présents à son épouse. Cessons nos animosités et cherchons un terrain d'entente.

– J'aurais préféré lire le message avant d'y répondre... dit encore Aÿ.

– Cette lettre était adressée à la reine, dit Ankhesenamon en rappelant à Aÿ qu'il n'était pas encore pharaon même s'il agissait comme tel.

Le Père divin n'osa pas interroger le messager hittite devant la reine. Il l'observait avec attention et se promit de le convoquer dès qu'Ankhesenamon serait couchée. « Quand je lui apprendrai que je vais devenir pharaon, il ne pourra rien me cacher. Il comprendra qu'il devra s'entretenir avec moi et non avec la reine d'Égypte. Je suis sûr que le roi du Hatti sera heureux d'apprendre que je vais devenir roi. Il sait que je préfère la discussion à la guerre. »

Ankhesenamon connaissait suffisamment son grand-père pour savoir qu'il n'en resterait pas là.

Il lui faudrait trouver un moyen pour le surveiller. Elle n'imaginait pas, cependant, ce qu'Aÿ était sur le point de dire au messager.

Pendant ce temps-là, les porteurs achevaient enfin leur travail. Ils descendaient avec une extrême précaution dans la tombe des vases aux noms d'Aménophis III et d'Amon, des récipients aux cols décorés d'animaux et de fleurs. D'autres vases aux formes allongées représentaient des bouquetins en albâtre, des lions ou des oiseaux. Ils emportaient encore des dizaines de paniers pleins de raisins secs, de melons, de mandragores et de dattes cueillies sur les palmiers-doum.

De nombreuses bouteilles en forme d'amphore contenant du vin du Delta, fermées avec des bouchons en terre, furent transportées avec d'autres récipients plus allongés qui étaient des vases d'origine étrangère. Tous portaient le nom de Toutankhamon.

– Le trésor du roi est enfin dans sa tombe, constata Houy en s'adressant pour la première fois à la reine.

Ankhesenamon se retourna vers les domestiques et remercia les dieux de l'avoir aidée.

– Je pensais sincèrement que nous aurions besoin d'une journée de plus pour arriver à nos fins. Je suis satisfaite que tout soit enfin terminé. Nous avons été obligés de démonter les chars et les chapelles.

– Ont-elles été remontées à l'intérieur de la tombe ?

– Tant bien que mal ! Elles ont été souvent mal orientées. Mais comment faire autrement ? Je pensais que nous serions contraints de laisser là une partie de ces meubles.

– Les porteurs ont réalisé des exploits.

– Je regrette seulement que les objets ne soient pas davantage mis en valeur. Certains sont tellement beaux ! Ils me rappellent tant de souvenirs ! Toutankhamon les aimait tant !

– Quel dommage qu'il en ait été ainsi.

– Nous n'avions pas le choix, répondit Aÿ en se mêlant à la conversation.

– J'aurais préféré une tombe plus grande même si les murs étaient nus, répondit Ankhesenamon.

– La reine dirige et nous exécutons, répondit Aÿ.

– Père divin, je n'ai plus la force de me mettre en colère et je ne veux pas décevoir nos invités. Mais cette parole empreinte de mauvaise foi n'était pas nécessaire.

Tii prit, cependant, la défense de son époux.

– Il t'est tout dévoué, dit-elle.

– Tii, ne parle pas sans savoir. Nous en discuterons plus tard et tu seras sans doute étonnée des projets de ton mari auxquels je ne souscris pas.

– Je croyais que tu étais revenue à la raison, dit Aÿ.

– J'estime justement être assistée d'Horus, qui a

été courageux face à Seth, et de la déesse Hathor, qui a su ressusciter son mari, alors que tu ne vois pas la réalité telle qu'elle est.

– Que signifie ce discours ? demanda Tii.

– Ce n'est ni le lieu ni le moment de s'expliquer. Ton mari te parlera de cela une autre fois.

La reine se leva de nouveau et se dirigea vers les porteurs qui ressortaient pour la dernière fois du sanctuaire.

– Allons-nous sceller ces pièces ce soir ? demandèrent-ils.

– Je ne le pense pas. Nous allons festoyer tard dans la nuit. Les gardes resteront ici jusqu'à ce que nous venions fermer les portes de chaque salle. Je veillerai à ce que le travail soit fait correctement. Personne ne pénétrera ici !

– Bien, reine, répondirent-ils en la saluant.

– Je sais que vous êtes très fatigués et que vous voulez rentrer chez vous où vous attendent vos enfants et vos femmes. Certains d'entre vous logent dans le domaine de Malqatta. Je vous propose de vous joindre à mes invités et de boire en l'honneur de Pharaon.

Très surpris, les porteurs rougirent.

– Nous sommes sales, poussiéreux et couverts de sueur. Tu es si bonne, Majesté, de te préoccuper de nous mais...

– Buvez juste des coupes de cet excellent vin du Delta et vous pourrez repartir vous reposer.

Les porteurs attendirent sagement qu'on les servît.

– Le travail est enfin terminé, dit Aÿ en rejoignant Ankhesenamon.

– Presque. Toutankhamon a de quoi réjouir son cœur.

XXIII

Après une nuit passée à chanter la gloire de Toutankhamon et alors même que toute la cour était partie se reposer, Ankhesenamon reçut le messager du Hatti.

– Tu dois absolument convaincre ton roi du bien-fondé de mes intentions, lui dit-elle. Ne t'attarde pas ici. Je vais te dire et te montrer tout ce que tu souhaites. Mais je voudrais que tu sois parti lorsque le divin Père Aÿ se réveillera. Il a l'intention de te convoquer et de te poser moult questions.

– Il était donc vrai que tu avais tenu tes projets secrets, répondit le Hittite.

– Totalement. Ton roi a tout intérêt à m'écouter s'il veut faire de l'un de ses fils le pharaon du pays le plus puissant.

– Mon peuple et notre armée ne sont pas de reste.

– Je le reconnais, dit la reine en rattrapant sa

maladresse. Voilà pourquoi mon choix s'est porté sur le Hatti qui a été trop longtemps notre ennemi. Unissons nos forces et nous serons invincibles.

– Ce discours est agréable à mes oreilles. J'aurai plaisir à le rapporter à celles du souverain. Mais je ne peux partir ainsi sans en savoir plus. Si je fais un faux rapport au roi, je suis perdu. Il ne me pardonnerait jamais de l'avoir attiré dans un piège.

– Je comprends ta position. Cependant, le temps presse... Pose tes questions et j'y répondrai volontiers. Tu pourras ainsi te faire une opinion sur moi et sur l'état de notre pays. Comme tu as pu le constater, nous sommes revenus aux anciennes coutumes et à la religion traditionnelle. Je peux également te montrer les comptes de mon trésorier Maya.

Le messager se mit alors à interroger la reine à une vitesse presque insolente. Ankhesenamon eut subitement l'impression de se trouver devant des juges au tribunal.

– Mon roi souhaitait savoir pourquoi tu disais redouter ton entourage dans la lettre que tu lui as adressée. Je n'ai rien vu qui puisse justifier une telle attitude.

– Parce que tu ne vis pas à la cour. Je te répondrai seulement que je ne me sens guère rassurée depuis la disparition du roi. Une reine est toujours fragile sans un époux. Il serait inutile de le cacher au roi du Hatti. Je parle donc en toute franchise.

– Sa Majesté est trop bonne, lui répondit le messager en la saluant.

– Je vais anticiper tes questions. L'Égypte se porte à merveille. Elle est riche et a retrouvé son très grand pouvoir. Son armée est dirigée par les meilleurs généraux. Le chef des armées est célèbre dans toute l'Asie. Il fait même trembler les feuilles des arbres à son approche. Notre seul malheur est de ne pas avoir eu d'héritier. Mais le prince hittite saura m'en donner. J'ai eu une fille avec mon père Akhenaton. Je suis donc capable de donner naissance à un enfant sain qui, de surcroît, a résisté à la peste. Pourquoi voudrais-je attirer un prince hittite dans un piège ? Ton roi a plusieurs enfants. Si nous voulions nuire à la famille royale, Horemheb aurait levé l'armée égyptienne.

Cette entrevue dura pendant plusieurs heures. Quand elle se termina enfin, la reine avait convaincu le messager de ses desseins. Elle fit appeler son scribe et renouvela sa demande :

– « Hâte-toi de me répondre. Je ne puis ainsi rester longtemps sans mari. Je voudrais fêter mon union avec ton fils le plus rapidement possible. Ton messager t'expliquera tout. »

Le Hittite lui donna le nom du prince qui devait arriver en Égypte et exigea une escorte égyptienne.

– Hélas, Hittite, comme tu l'as compris, je ne veux pas parler de mon projet à Horemheb. Sans lui, aucune escorte ne partira pour l'Asie. Ton roi choisira les meilleurs gardes pour accompagner le prince. Je préparerai son accueil.

– Le futur roi ne prend-il pas un grand risque en venant ici ?

– Les hauts postes sont souvent dangereux car ils sont convoités. Je ne te mentirai pas : nous devrons nous imposer très rapidement au peuple, aux prêtres et aux courtisans. Mais je compte beaucoup sur ma notoriété. Dès que le fils du roi sera là, je le présenterai au peuple comme le futur roi d'Égypte. Il ne craindra plus rien.

– Il faudrait peut-être le recevoir dans une autre ville pour qu'il soit moins exposé...

– Crois-moi. Tout sera rapidement réglé. Ton roi en tirera une gloire immense !

La reine lui signifia que l'entretien était terminé et qu'il devait rejoindre son pays au plus vite.

– La parole d'une reine égyptienne vaut autant que de l'or. Cependant, tu ne partiras pas les mains vides. J'ai prévu de nombreux cadeaux pour ton souverain. Tes chariots ne suffiront pas pour les transporter. Je vais donc mettre des chars plus solides et plus grands à ta disposition.

Ankhesenamon ne cessait de guetter la porte de ses appartements. Elle redoutait à chaque instant de voir entrer son grand-père. N'y tenant plus, elle finit par interroger son scribe.

– Le Père divin est-il réveillé ?

– Pas que je sache, reine. Mais il ne va pas tarder

à s'habiller car il doit poursuivre les rites en l'honneur de Toutankhamon.

– J'avais oublié ce détail. Il a effectivement des obligations qui ne vont guère lui laisser de répit. Je doute, toutefois, qu'il ait oublié le messager hittite. Cette arrivée inattendue en pleines funérailles a soulevé de nombreuses interrogations. Je connais mon grand-père. Il est têtu, ingénieux et soupçonneux. Tant qu'il n'aura pas la réponse à ses questions, il risque de retarder les rites en l'honneur de Toutankhamon.

– C'est impossible, reine.

– Je vais, moi aussi, me rendre dans la nécropole car je veux que les derniers travaux soient accomplis au mieux.

Comme le messager posait les ultimes questions, Ankhesenamon montra son impatience.

– Plus nous parlons, plus nous perdons du temps. J'attendais le prince, non un messager. Il te faut maintenant repartir, faire ce long voyage jusqu'au Hatti et nous envoyer le fils du roi. Comment vais-je faire patienter les Égyptiens ? Les prétendants au trône se multiplient. La seule solution est de prolonger la période de deuil. Mais les paysans vont devoir reprendre leur travail et les marchands rejoindre les places publiques. Les marins refuseront de rester à Thèbes plus longtemps.

Le messager finit par se retirer. La reine suivit son départ et parut enfin soulagée.

– Qu'as-tu fait des tablettes hittites ? demanda-t-elle au scribe. Les as-tu détruites ?

– Je n'ai pas tout cassé. Je pensais qu'il était impératif pour toi de garder trace de cette correspondance. Aussi ai-je décidé de cacher l'une des tablettes.

Comme la reine allait s'emporter, le scribe ajouta aussitôt.

– Cette tablette est introuvable. Dis-moi de la détruire et elle le sera.

Ankhesenamon réfléchit.

– Tu as peut-être raison. Il serait bon de garder une trace des écrits du roi hittite en qui je n'ai qu'une confiance modérée. Je le trouve inquisiteur et hésitant...

– Comprends ses craintes.

– Et si c'était lui qui nous tendait un piège ? Je me suis mise à nu. Il sait tout de nous.

– Tu as surtout insisté sur le pouvoir de l'Égypte.

– Tu as raison. Il pourrait, cependant, nous envoyer un traître qui préparerait notre soumission. Les Hittites nous envahiraient et notre pays deviendrait esclave du Hatti.

– Reine, tu as pris une décision. Tu ne peux plus revenir en arrière. Prions pour que ton objectif soit atteint.

– Toutankhamon m'aurait-il approuvée ?

Le scribe resta silencieux. Lui-même n'avait toujours pas compris pourquoi la reine s'obstinait à épouser un adversaire de son pays.

Comme Houy se présentait, Ankhesenamon, les yeux cernés, les paupières rouges et gonflées, les traits tirés, avoua au vice-roi de Koush combien elle était lasse.

– Sa Majesté ne s'est pas reposée ? s'étonna Houy.

– Je vais y songer. J'ai retrouvé mon calme et ma sérénité. Je peux dormir et espérer en l'avenir.

Annexes

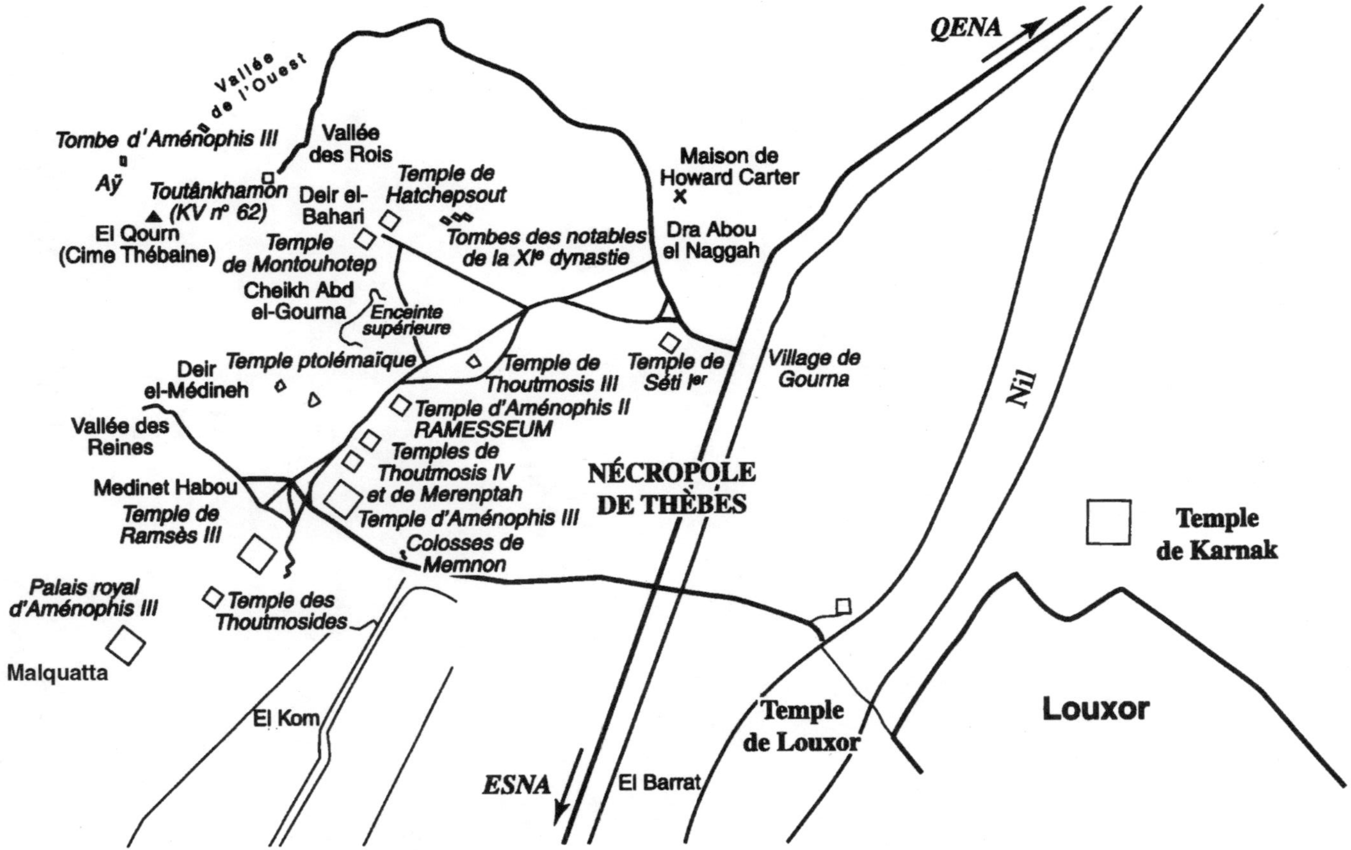

Thèbes-Ouest

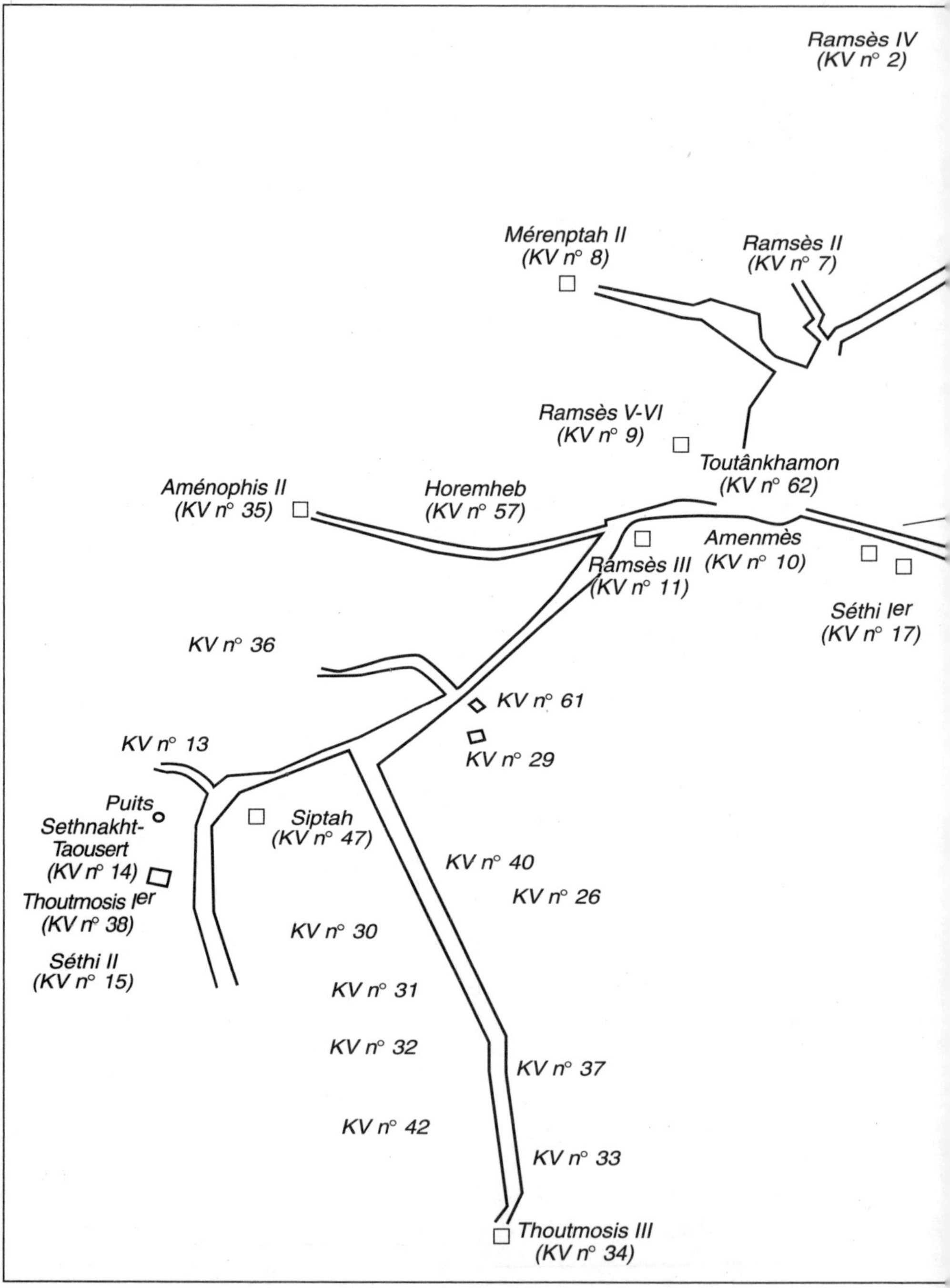

La Vallée des Rois

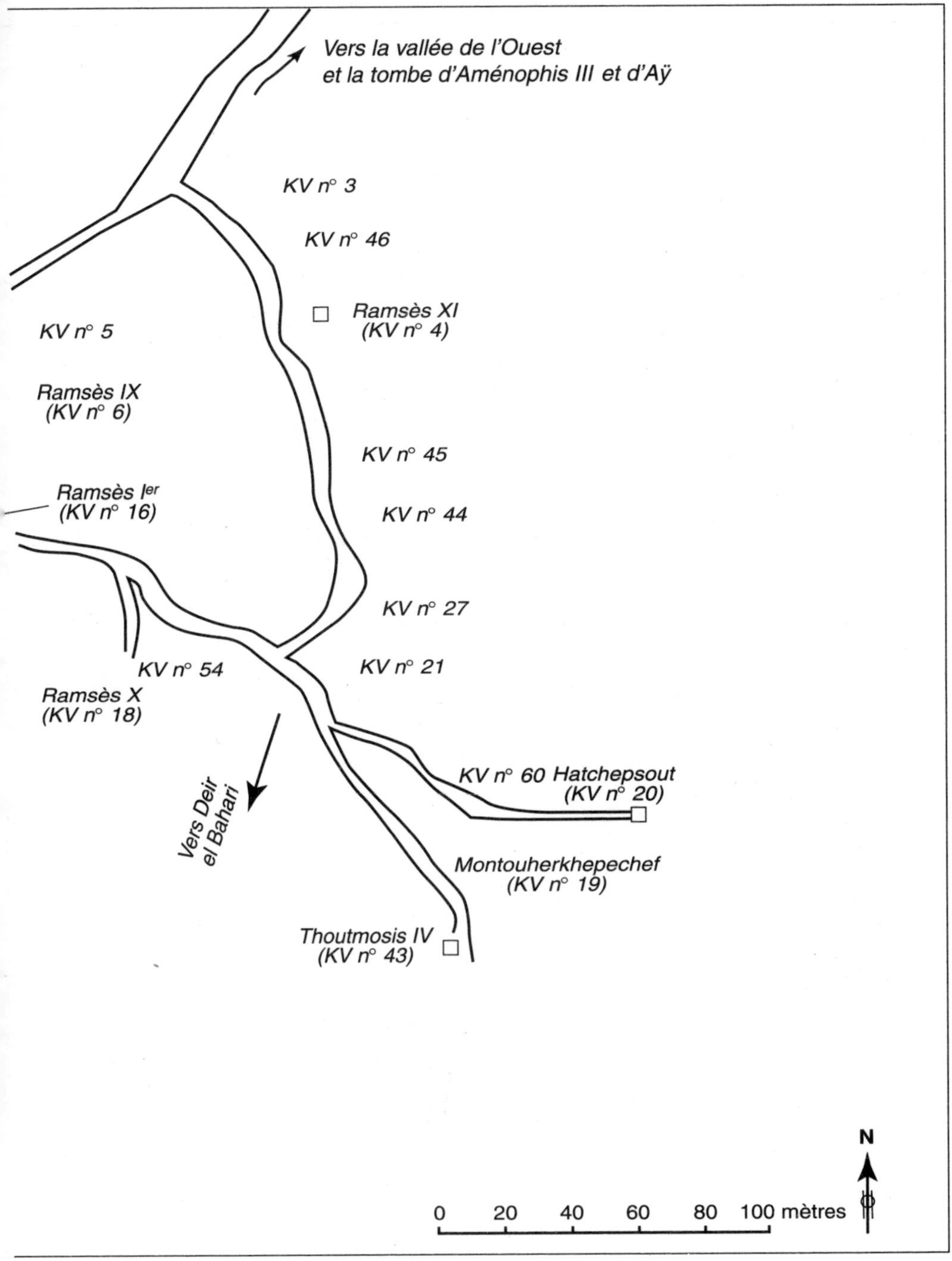

Vers la vallée de l'Ouest
et la tombe d'Aménophis III et d'Aÿ
KV n° 3
KV n° 46
Ramsès XI
(KV n° 4)
KV n° 5
Ramsès IX
(KV n° 6)
KV n° 45
Ramsès Ier
(KV n° 16)
KV n° 44
KV n° 27
KV n° 54
KV n° 21
Ramsès X
(KV n° 18)
Vers Deir
el Bahari
KV n° 60
Hatchepsout
(KV n° 20)
Montouherkhepechef
(KV n° 19)
Thoutmosis IV
(KV n° 43)
N
0 20 40 60 80 100 mètres

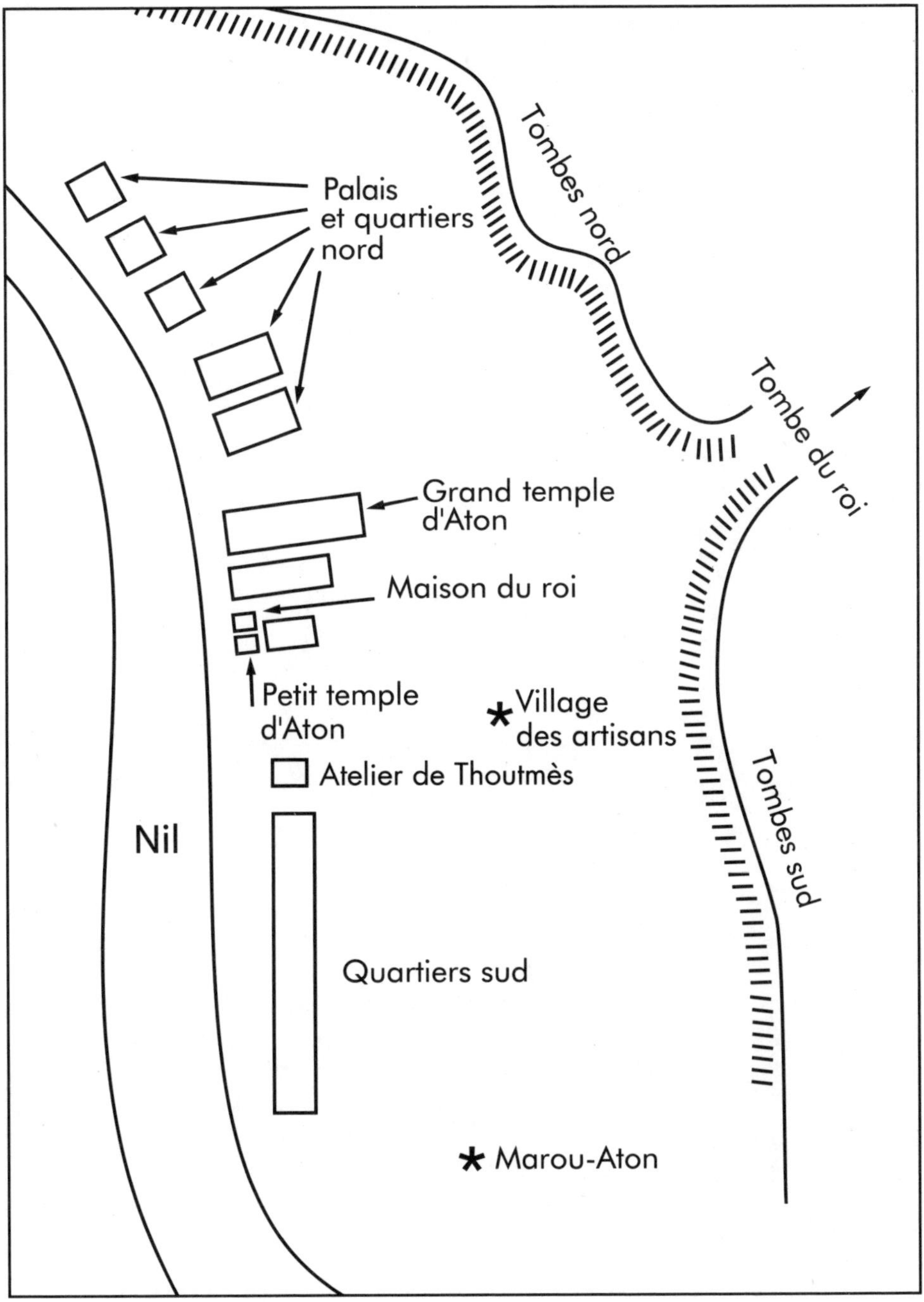

Akhetaton
(actuelle Amarna en Moyenne Égypte)

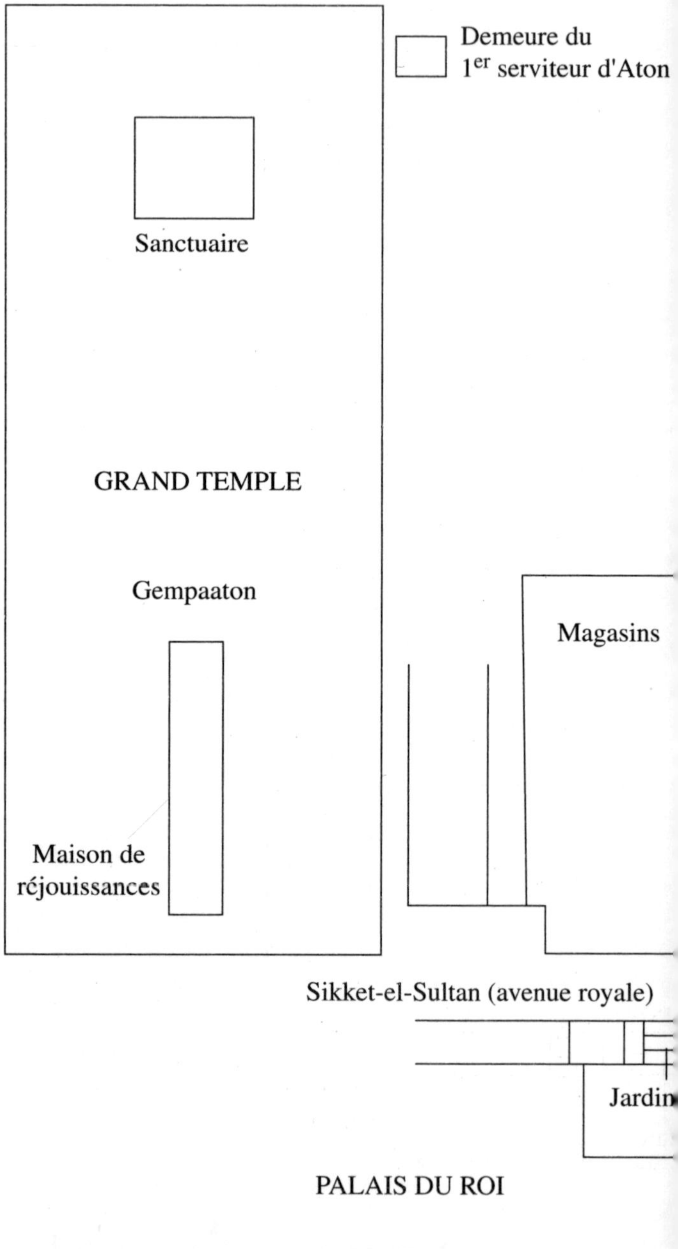

Centre ville d'Akhetaton

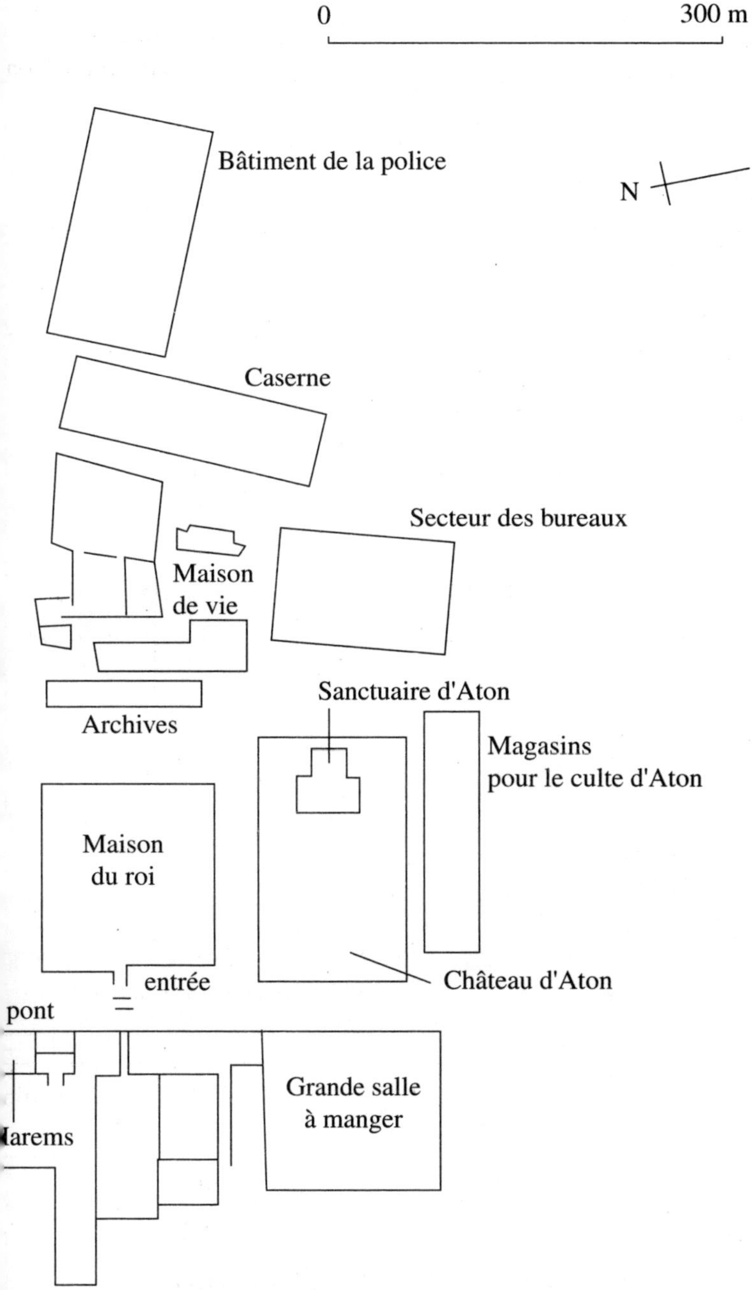
0
300 m
Bâtiment de la police
N
Caserne
Secteur des bureaux
Maison
de vie
Sanctuaire d'Aton
Archives
Magasins
pour le culte d'Aton
Maison
du roi
entrée
Château d'Aton
pont
Grande salle
à manger
arems

RAPPELS CHRONOLOGIQUES

(les dates sont approximatives)

Environ 3000 av. J.-C. :
* Période prédynastique.

Première partie du troisième millénaire avant J.-C. :
* Période thinite (Ire et IIe dynasties – env. 3150-2686 av. J.-C.).
Narmer : 1er pharaon.

Deuxième partie du troisième millénaire avant J.-C. :
* Ancien Empire (IIIe dynastie : Djéser ; IVe dynastie : Snéfrou, Khéops, Didoufri, Khephren, Mykérinos ; Ve dynastie : Sahourê, Niouserrê, Ounas ; VIe dynastie : Téti, Pépi I, Pépi II).

Fin du troisième millénaire avant J.-C. :
* Première Période Intermédiaire (VIIe dynastie-XIe dynastie – env. 2181-2040 av. J.-C.).

Première partie du deuxième millénaire avant J.-C. :
* Moyen Empire (XIe dynastie : Montouhotep I, II ; XIIe dynastie : Amenhemat, Sésostris).

* Deuxième Période Intermédiaire (XIIIe à XVIIe dynastie).

Pendant les XVe et XVIe dynasties s'imposent les envahisseurs Hyksos (XVIIIe-XVIe siècle avant J.-C.) qui gouvernent à Avaris tandis que des rois ou gouverneurs égyptiens dirigent l'Égypte du Sud à Thèbes.

Deuxième partie du deuxième millénaire avant J.-C. :
* Nouvel Empire : (1570-1070 env. av. J.-C.).

– XVIIIe dynastie :
Ahmosis vainqueur des Hyksos-Grande Épouse royale, Ahmès-Néfertari
Aménophis Ier
Thoutmosis Ier-Grande Épouse royale, Ahmose
Thoutmosis II
Hatchepsout
Thoutmosis III-Grande Épouse royale Méryrêt-Hatchepsout II
Aménophis II-Grande Épouse royale Tiâa
Thoutmosis IV [env. 1397(?)-1387/8 av. J.-C.]-Grande Épouse Néfertary
Aménophis III (env. 1387/8-1348/9)-Grande Épouse Tiyi
Aménophis IV-Akhenaton [env. 1352/50-1338/36 (?) av. J.-C.]-Grande Épouse Néfertiti
Semenkharê (?) [env. 1338 (?)-1336 (?)] av. J.-C.
Toutankhamon (env. 1336-1327 av. J.-C.)
Aÿ [env. 1327 (?)-1323 (?) av. J.-C]
Horemheb

– XIXe dynastie : Ramsès I, Séthi I, Ramsès II, Mérenptah, Séthi II, Amenmès, Siptah, Taousert, Sethnakht, Ramsès III, Ramsès IV à XI.

Première partie du premier millénaire avant J.-C. :

* Troisième Période Intermédiaire

(XXIe dynastie : Smendès, Psousennès, Pinedjem ; XXIIe dynastie : Chechonq ; XXIIIe-XXVe dynastie : Piankhy, Chabaqa, Taharqa).

700-305 avant J.-C. :

* Basse Époque

(XXVIe dynastie : Psammétique, Amasis ; XXVIIe dynastie : les Perses Cambyse et Darius ; XXVIIIe-XXIXe dynastie : Achoris ; XXXe dynastie : Nectanebo).

Domination du Perse Artaxerxès III.

Libération de l'Égypte par Alexandre le Grand qui crée Alexandrie.

Dynastie des Lagides avec les Ptolémées et les Cléopâtre (jusqu'en 30 avant J.-C., date de la bataille d'Actium).

Égypte romaine puis chrétienne en 39 ap. J.-C.

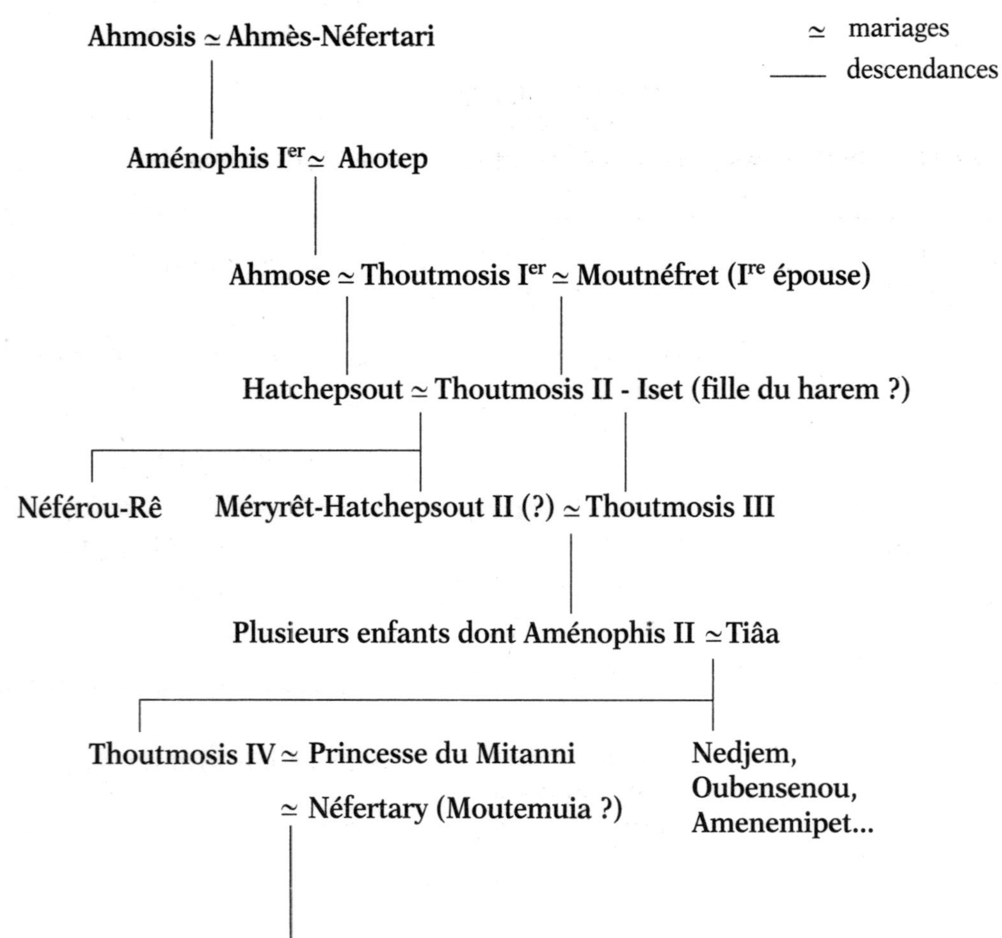
≃ mariages
—— descendances
Ahmosis ≃ Ahmès-Néfertari
Aménophis Ier ≃ Ahotep
Ahmose ≃ Thoutmosis Ier ≃ Moutnéfret (Ire épouse)
Hatchepsout ≃ Thoutmosis II - Iset (fille du harem ?)
Néférou-Rê
Méryrêt-Hatchepsout II (?) ≃ Thoutmosis III
Plusieurs enfants dont Aménophis II ≃ Tiâa
Thoutmosis IV ≃ Princesse du Mitanni
≃ Néfertary (Moutemuia ?)
Nedjem,
Oubensenou,
Amenemipet…

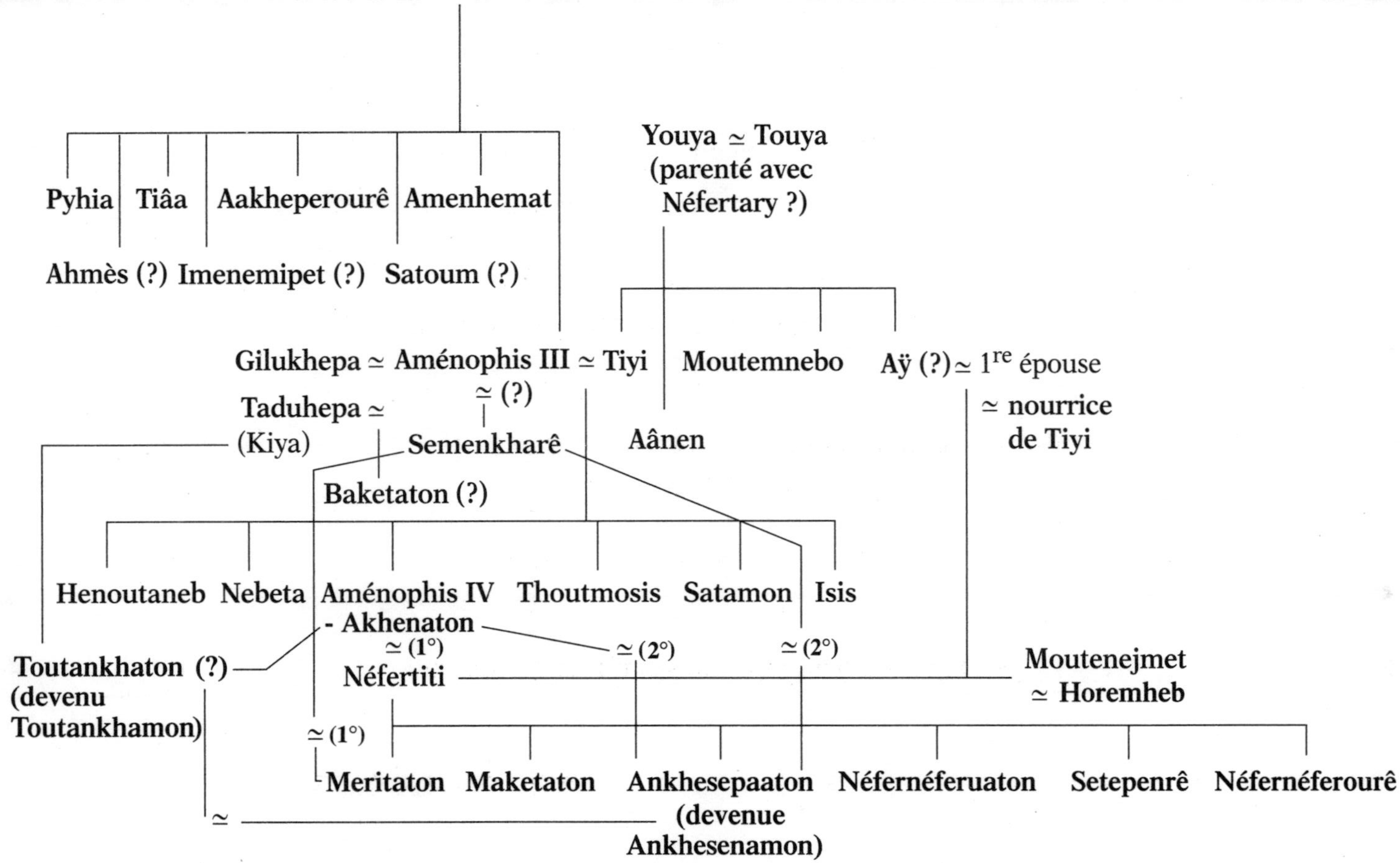

Arbre généalogique des premiers pharaons
de la XVIIIe dynastie

LISTE DES PRINCIPAUX PERSONNAGES

Abdi-Achirta : Chef d'Amourrou.

Amenhemat : Grand prêtre d'Amon.

Amenhotep : Architecte ayant succédé au premier Amenhotep.

Amonmès : Intendant dirigeant Thèbes.

Aperhel : Fonctionnaire chargé du culte d'Amon.

Artashup : Messager.

Asal : Émissaire d'Aménophis IV.

Asli : Scribe.

Aÿ : Frère de Tiyi. Fils de Touya et de Youya.

Bak : Sculpteur.

Baketemané : Épouse de Meryrê.

Baki : Femme du prêtre Samout.

Beanna : Femme de Meriptah, responsable de Malqatta.

Hati : Chef des écuries d'Houy.

Hatiai : Supérieur des greniers d'Aton.

Hékanéfer : Ami de Toutankhamon.

Horemheb : Général d'Aménophis III et d'Akhenaton. Époux de Moutenejmet, sœur de Néfertiti et fille d'Aÿ. Chef des armées sous Toutankhamon.

Hornéfer : Responsable de l'or à Koush.

Houy : Vice-roi de Koush.

Iÿ : Cousin de Tiyi, chargé de son domaine. Fils de Moutemnebo.

Kadachman-Enlil : Roi de Babylone.

Kha : Scribe d'Houy.

Khai : Riche fonctionnaire, ami de Toutankhamon.

Khnoumès : Fonctionnaire chargé des greniers d'Amon à Karnak.

Kiya : Nom égyptien de Taduhepa.

Maabal : Émissaire d'Aménophis IV.

Maïa : Nourrice de Toutankhamon.

Mana : Chanteuse du culte de Bastet, femme de Khaemouasct.

Maou : Chef de la police à Akhetaton.

Maya : Trésorier de Toutankhamon.

Mena : Sculpteur.

Meni : Grand prêtre d'Amon.

Meriptah : Fils du vizir Thoutmès.

Meryrê : Père nourricier. Époux de Baketemané.

Moïse : Fils d'Abraham.

Monaktouf : Architecte.

Moutenejmet : Sœur de Néfertiti.

Moutemnebo : Sœur de Tiyi.
Nabi : Frère de Moïse.
Nebesen : Scribe du Trésor.
Nebetia : Fille de Meryrê.
Neferophis : Fonctionnaire chargé des greniers d'Amon à Karnak.
Neferenpet : Chef des carriers.
Nepnefer : Grand prêtre de Karnak.
Ounéfer : Mère d'Houy.
Paoua : Grand prêtre d'Héliopolis.
Penhout : Supérieur des régions du Nord.
Ptahmès : Fils du vizir Thoutmès. Grand prêtre de Ptah.
Ptamosis : Fils de Menkheper. Grand prêtre de Ptah.
Quenamon : Intendant du palais royal de Memphis.
Ribada ; Gouverneur de Byblos.
Samout : Grand prêtre de Karnak.
Satamon : Fille aînée de Tiyi et d'Aménophis III.
Sobekmosé : Artisan d'Amenhotep.
Souty : Artisan d'Amenhotep.
Surer : Intendant du roi.
Taduhepa : Fille de Tushratta, appelée Kiya.
Tanoujy : Responsable du harem de Ouaouat.
Tarundaradu : Chef d'Arzawa.
Temouadjès : Supérieure du harem. Sœur de Houy.
Toutou : Fonctionnaire d'Aménophis IV.

Remerciements

Je remercie M. Hosni Moubarak, président de la République arabe d'Égypte ; M. Farouk Hosni, ministre de la Culture ; M. Mandouh el Beltagui, ministre du Tourisme ; le Conseil supérieur des Antiquités égyptiennes ; M. Sabry Abd el Aziz Khater, responsable des Antiquités pharaoniques auprès du CSAE, qui facilitent depuis de très nombreuses années mon travail en Égypte ; M. Ali el Asfar et M. Ibrahim Soleyman ; M. Adel El Masri, directeur d'EgyptAir en France ; Mme Yushreia Ismaïl, sous-secrétaire au ministère du Tourisme égyptien et Mme Naheb Rizk, directrice de l'Office du tourisme égyptien à Paris ; M. Sayed Abdel Gawad, directeur général des relations touristiques ; M. Khaled Bakir, conseiller de presse à l'ambassade de la République arabe d'Égypte ; M. Osama Abd el Afiz ; M. Benjamin Cohen ; M. Jean Robert Reznik ; Mme Suzanne Matsakis du groupe Accor, fidèle partenaire culturel, qui sait lier la découverte d'une région et de son patrimoine ; Mme Catherine Magnien ; Mme Anna Iliokratidou, directrice de l'Office du tourisme hellénique.

Je tiens également à remercier chaleureusement M. Randolph Edmonds, directeur général du Sofitel Winter Palace de Louxor, établissement historique et remarquable, et son épouse Marie Hélène ; M. Sanjiv Malhotra du Mena House du Caire ; M. Werner Gessner du Sonesta Beach de Sharm pour son extrême attention ; Mme Nathalie Lycas de Marketting et Promotion helléniques ; Mme Myrto Sofianou de l'Astir Palace de Vougliagmeni ; M. Robert J. Bergé et Mme Anissa Bouchkoura de la Mamounia de Marrakech ; Walid Lel Guindy du Novotel du Caire.

Tous ces professionnels, humanistes et attachés au patrimoine international, permettent aussi à la recherche de progresser.

Violaine VANOYEKE

Direction littéraire
Huguette Maure
assistée de
Maggy Noël

Crédit photographique
Engerer – Vanoyeke

Composition PCA
44400 – Rezé

Impression réalisée sur VARIQUIK par
SAGIM-CANALE
Courtry

pour le compte des éditions Michel Lafon

L'imprimerie Sagim-Canale
est titulaire de la marque
Imprim'vert® 2004

Imprimé en France
Dépôt légal : janvier 2005
ISBN : 2-7499-0210-X
LAF 441 A
N° d'impression : 8058